ANNE ROGGE

Winterzauber

Weihnachtliche Geschenke aus Garten und Natur

ANNE ROGGE

Winterzauber

Weihnachtliche Geschenke aus Garten und Natur

FOTOS VON
ROGGE & JANKOVIC FOTOGRAFEN

KOSMOS

Weihnachtliches
aus Garten und Natur

SO *gelingt's* SICHER

DARAUF KOMMT'S AN! **Hier erläutern wir alles, was zum Gelingen des Rezepts wirklich wichtig ist. Wo es sinnvoll ist, mit Bild, sonst auch ohne.**

ZEIT FÜR GESCHENKE
aus Naturmaterialien

ES IST WINTER, DIE TAGE SIND KURZ, WEIHNACHTEN NAHT. WIR MACHEN LANGE SPAZIERGÄNGE AN FROSTIGEN TAGEN UND SAMMELN MATERIALIEN AUS DER NATUR FÜR SELBSTGEMACHTE GESCHENKE.

ALLE JAHRE WIEDER

Jedes Jahr kommt Weihnachten wieder viel zu schnell. Lassen Sie sich nicht von den Vorbereitungen für das Fest stressen, sondern genießen Sie die Zeit der Vorfreude und des Wartens. Die Geschenkideen in diesem Buch können Sie teilweise schon ab dem Spätsommer zubereiten und lagern dann in Ruhe, bis sie an Weihnachten endlich verschenkt werden. Auch im kalten, verschneiten Winter können Sie noch viel in der Natur sammeln. Rinden, Moose, Steine, Immergrünes und Holz sind den ganzen Winter über zu finden. Einige Sommerpflanzen, wie das Silberblatt, verwandeln sich im Winter in filigrane Kunstwerke. Verwandeln Sie die reichen Schätze aus Garten und wilder Natur in kleine Freuden für unsere Lieben.

Dafür gibt es in diesem Buch unterschiedliche Rezepte und Anleitungen. Natürlich dürfen die kulinarischen Geschenke nicht fehlen. Darüber hinaus finden Sie auch Bastelideen für Weihnachtsdekorationen innen oder außen, Naturkosmetik sowie Geschenke für Tiere. Alle Ideen, die sich gut für einen selbstgemachten Adventskalender eignen, sind mit einem goldenen Stern markiert, durchnummeriert und sind auf den Seiten 120/121 im Überblick zu sehen.

AUF ENTDECKUNGSTOUR

Gehen Sie raus und entdecken Sie die Schätze der Natur auf ganz neue Weise. Bei manchen Pflanzen wissen Sie wahrscheinlich jetzt schon, wo Sie diese finden werden, andere Pflanzen müssen Sie erst aufstöbern. Lassen Sie sich auf die Suche ein – es macht Spaß, Neues zu entdecken und zu erforschen, wo gibt es z.B. die besten Sammelstellen für Pilze oder eine besonders schöne Kornelkirsche? Fragen Sie nach, suchen Sie in Büchern oder Internet. Es gibt mittlerweile viele Foren, die sich mit genau diesen Fragen beschäftigen. Die Freude ist groß, wenn Sie dann die richtigen Pflanzen finden und entdecken.

Einige Pflanzen und Materialien können Sie das ganze Jahr über finden, andere haben nur kurze Zeit Saison. Versuchen Sie, die Natur mit anderen Augen zu sehen. Trockene Samenstände und verblühte Hortensien erscheinen plötzlich in neuem Licht und dekorieren ihre kleinen Zauberwerke auf ganz feine und leise Weise. So ist der Winter.

Ihre
Anne Rogge

LECKERES
aus Garten und Natur

DIE WINTER- UND WEIHNACHTSZEIT SCHMECKT EINFACH GANZ BESONDERS GUT, SIE IST EINE ZEIT FÜR GENIESSER! SORGEN SIE SCHON FRÜHZEITIG VOR: KORNELKIRSCHEN, HAGEBUTTEN UND PILZE KÖNNEN SIE SCHON AB DEM SPÄTSOMMER FÜR LECKERE WEIHNACHTSGESCHENKE SAMMELN UND ERNTEN.

BEEREN, FRÜCHTE, NÜSSE
sammeln, ernten und genießen

SCHON AB ENDE AUGUST GEHT'S LOS. DIE ERSTEN FRÜCHTE SIND REIF UND DIE DIE ERNTE BEGINNT. SCHON JETZT WIRD FÜR DIE REZEPTE IN DIESEM BUCH GEERNTET UND GESAMMELT.

ACHTSAM LOSLEGEN

Kornelkirschen und Hagebutten können schon ab Ende August geerntet werden, und auch wenn Eberesche und Schlehe Frost brauchen, um gut zu schmecken, sind im Winter oft nur noch wenige Beeren zu finden. Ernten Sie nicht zu viel, sondern lassen Sie den Vögeln eine große Portion Vitamine übrig.

BESTIMMEN

Sammeln Sie nur, was Sie auch wirklich bestimmen können. Wenn Sie sich nicht sicher sind, fragen Sie jemanden, der sich wirklich gut auskennt, oder benutzen ein gutes Bestimmungsbuch. Im Anhang finden Sie eine Aufzählung nützlicher Bücher, die beim Sammeln und Bestimmen helfen.

SAMMELN UND ERNTEN

Gartenfrüchte schmecken am besten aus dem Biogarten. Hier haben Insektizide und Unkrautvernichtungsmittel nichts zu suchen. Fungizide, Schneckenkorn, Kunstdünger und Torf tragen nicht zu einem gesunden Gleichgewicht bei.

In der freien Natur ist der richtige Sammelort ebenso wichtig. Erkundigen Sie sich, wenn möglich, vorher über Ihr Sammelgebiet. Es gibt in Bayern immer noch viele Wälder, die durch die Tschernobyl-Katastrophe atomar belastet sind. Dort sollten Sie Pilze und Beeren nicht sammeln. In der Eifel gibt es Wälder, die im 2. Weltkrieg durch Sprengstoff belastet wurden, und das Sammeln kann dort sogar heute noch richtig gefährlich sein. Sammeln Sie außerdem fern von befahrenen Straßen und nicht an Stellen, an denen viele Spaziergänger mit Hunden unterwegs sind.

AUFBEWAHREN

Nach der Ernte sollten Sie die Lebensmittel so schnell wie möglich verarbeiten. Pilze am besten luftig in einem Korb lagern, damit sie atmen können, sich aber auch nicht gegenseitig mit anhaftendem Sand und Erde verschmutzen. Frische Kräuter in Tüten sammeln, so können sie nicht austrocknen. Zu Hause sofort in viel kaltem Wasser waschen, in ein leicht feuchtes Küchentuch wickeln und im Kühlschrank im Gemüsefach lagern. Beeren je nach Empfindlichkeit in Körben oder auch Tüten sammeln. Empfindliche Beeren wie Himbeeren nicht waschen, alle anderen waschen und verlesen.

MASTJAHRE

Nicht alle Früchte, Nüsse und Samen treten in jedem Jahr in gleichen Mengen auf. Die Sammelerfolge schwanken von Jahr zu Jahr stark. Das liegt an den sogenannten Mast- und Mangeljahren. Nach Jahren, in denen es z. B. sehr viele Bucheckern gab, finden Sie im Folgejahr plötzlich keine einzige.

MARMELADE AUS HAGEBUTTEN
mit Orangensaft und Rum

I

WAS HILFT IN DER KALTEN JAHRESZEIT BEI SCHMUDDELWETTER UND ERKÄLTUNGSFRUST? EINE VITAMINBOMBE AUS HAGEBUTTENMARK MIT WEIHNACHTSAROMA!

Zutaten für ca. 1 kg Marmelade

- 2 kg Hagebutten
- 3 Bio-Orangen
- ca. 1 kg Gelierzucker 1 : 1
- 40 ml brauner Rum

Besonderes Werkzeug

- Passiermühle: Flotte Lotte
- sehr feines Passiersieb oder Passiermühle: Fleißiges Lieschen
- Kartoffelstampfer

Zeitbedarf

- 1 Stunde

So geht's

1. Die Hagebutten gut waschen und verlesen. Die Blütenansätze und Stiele abschneiden.
2. Die Früchte knapp mit Wasser bedecken und im geschlossenen Topf kurz aufkochen. Bei niedriger Stufe etwa 20 – 30 Minuten kochen, bis die Hagebutten weich sind.
3. Mit einem Kartoffelstampfer die gekochten Früchte grob zerquetschen. Die zerkleinerten Früchte erst durch den feinen Einsatz der Flotten Lotte drehen und dann durch ein ganz feines Passiersieb oder das Fleißige Lieschen streichen [→a]. Kerne und Härchen bleiben dann im Passiersieb zurück.
4. Orangen heiß abwaschen und die Schale von den Früchten fein abreiben. Alle Früchte auspressen.
5. Hagebuttenpüree, Orangensaft und Schale in einem Topf vermischen und abwiegen. Die gleiche Menge Gelierzucker zugeben und alles miteinander gut vermischen. Sprudelnd aufkochen lassen und 4 Minuten unter Rühren sprudelnd kochen lassen. Eine Gelierprobe machen. Den Rum unterrühren, noch einmal kurz aufkochen und in sterilisierte Gläser abfüllen.

GELIERPROBE Geben Sie am Ende der Kochzeit einen Tropfen Marmelade auf einen kalten Teller. Wird der Tropfen fest, dann wird es auch die Marmelade. Ansonsten die Masse noch 2 Minuten länger kochen lassen.

SO *gelingt's* SICHER

[a] HAGEBUTTEN haben feine Härchen an ihren Kernen, die wir meistens noch aus der Kindheit als Juckpulver kennen. Wenn Sie keine feine Passiermühle haben, können Sie die Kerne mit den Härchen auch aus den halbierten Früchten auskratzen, das ist wirklich eine Geduldsarbeit. Anschließend die Hagebutten noch einmal in kaltem Wasser gründlich waschen und dann verarbeiten. Der Schritt mit der Passiermühle kann dann entfallen, die Hagebutten müssen nur mit dem Pürierstab püriert werden.

SO *gelingt's* SICHER

[a] DIE SCHALE DER QUITTEN muss für den Ölansatz wirklich ganz trocken sein und komplett mit Öl bedeckt werden, sonst kann der Ansatz schnell anfangen, zu schimmeln. Nehmen Sie für den Ansatz ein sauberes, evtl. sogar sterilisiertes Glas, damit er so sauber wie möglich ist.

[a]

[b]

FRUCHTIGES QUITTENÖL
für den Salat

2

MIT DIESEM SALATÖL BRINGEN SIE FRUCHTIGE FRISCHE IN IHRE WINTERKÜCHE.

Zutaten für 1 Liter

5 Quitten

1 Liter neutrales Salatöl, z. B. Distelöl

Zeitbedarf

- 20 Minuten
- 1 Woche durchziehen

So geht's

1. Die Quitten gründlich waschen und den Flaum mit einem sauberen, trockenen Tuch sehr gründlich abreiben **[→a]**. Wenn die Früchte richtig trocken sind, die Schale von allen Früchten mit einem Sparschäler oder scharfen Messer abschälen **[→b]**.
2. Die Schalenstücke in ein verschließbares Einmachglas mit weitem Hals geben und vollständig mit Öl bedecken.
3. Das Öl an einem warmen Ort in der Küche 1 Woche ziehen lassen. Wenn das Öl schön fruchtig nach Quitte duftet, ist es fertig. Durch ein sauberes und trockenes Sieb gießen und in kleine Flaschen abfüllen. Dunkel lagern.

Die Variante

Sie können auch die kleinen Früchte der Zierquitte verwenden. Verwenden Sie dann 10 kleine Zierquitten. Das Schälen ist bei den kleinen Früchten etwas aufwändiger, aber das Aroma ist noch intensiver.

FRUCHTIGES DRESSING ZU FELDSALAT 400 g Feldsalat putzen und waschen. 3 EL Obstessig, 1 TL Dijonsenf und 1 TL Agavendicksaft verrühren. 3 EL Quittenöl unterschlagen und alles kurz vor dem Servieren mit dem Feldsalat vermischen. Dazu passen geröstete Nüsse.

WILDSCHWEINBRÖTCHEN
mit Bockshornklee

DIE AROMATISCH DUFTENDEN BOCKSHORNKLEESAMEN WÜRZEN BROT UND KÄSE. DAMIT GEBEN SIE AUCH DIESEN KLEINEN HEFE-WILDSCHWEINEN EIN NUSSIGES UND WÜRZIGES WALDAROMA.

Zutaten für 15 Schweinchen

Vorteig:

- 250 g Einkorn Vollkornmehl
- 350 g Weizenmehl 550
- 390 g Wasser
- 12 g Salz
- ⅛ Würfel Bio-Hefe (6 g)

Hauptteig:

- ⅛ Würfel Bio-Hefe (6 g)
- 5 – 10 g Bockshornklee-Samen

Zeitbedarf

- 20 Minuten
- über Nacht gehen lassen
- 10 Minuten
- 3 Stunden gehen lassen
- 30 Minuten gehen lassen

So geht's

1. Alle Zutaten für den Vorteig 5 Minuten gut miteinander verkneten. Über Nacht in einer geschlossenen Schüssel im Kühlschrank reifen lassen.
2. Am nächsten Tag den Bockshornklee im Mörser nach Geschmack fein oder grob zerkleinern. Die restliche Hefe und den Bockshornklee gründlich unter den Teig kneten (etwa 5 Minuten) und den Teig an einem warmen Ort ca. 3 Stunden gehen lassen.
3. Wenn der Teig sich etwa verdoppelt hat, diesen etwa 1,5 – 2 cm dick ausrollen und mit einem scharfen Messer und Schablone ca. 15 Wildschweine ausschneiden **[→a]**. Das Auge und die Beine werden mit dem Messer eingeschnitten **[→b]**.
4. Die Schweine auf ein Backblech mit Backpapier setzen, abdecken und 30 Minuten an einem warmen Ort gehen lassen.
5. In der Zeit den Ofen auf 230 °C vorheizen, dabei unten in den Ofen ein Backblech mit Wasser einschieben. Die Wildschweine auf der mittleren Schiene 10 – 15 Minuten im Dampf backen.

DAS WÜRZIGE BOCKSHORNKLEE-AROMA wird nach und nach intensiver. Frisch gebacken ist es noch dezent, nach ein paar Stunden schmecken die Wildschweine kräftiger.

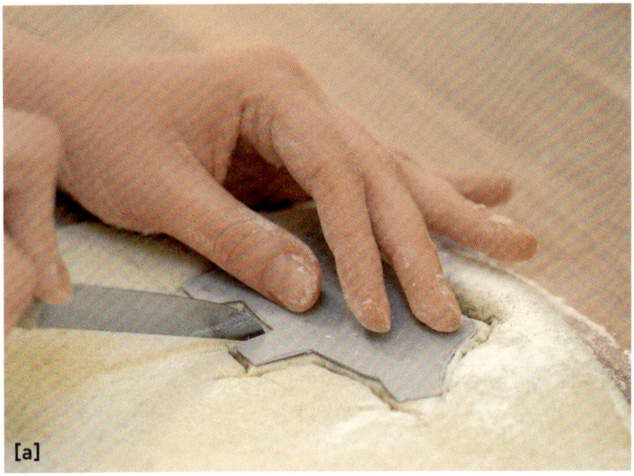

[a]

[b]

SO *gelingt's* SICHER

[a] DIE VORLAGE für die Wildschweine können Sie sich auf der Homepage des Kosmos-Verlags herunterladen (Links auf Seite 122).
[b] MACHEN SIE mit der Messerspitze einen kleinen Schnitt für das Wildschweinauge. Die Beine werden mit je 2 Schnitten getrennt und leicht auseinandergezogen.

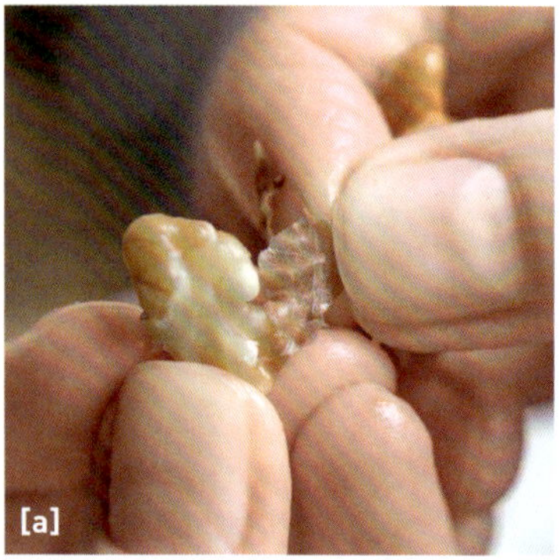
[a]

SO *gelingt's* SICHER

[a] WENN ES SCHNELL GEHEN SOLL und Sie den bitteren Geschmack der Walnuss lieben, können Sie den langwierigen Schritt des Häutens der Walnuss einfach weglassen und die Walnüsse direkt verarbeiten.
[b] DIE WALNÜSSE am besten an der Luft trocknen lassen. Wenn Sie die Nüsse im Ofen trocknen, den Ofen nicht heißer als 40 °C einstellen. Wenn der Ofen zu warm ist und die Nüsse rösten, kann das Marzipan später krümelig werden.

MIT KAKAO BESTÄUBEN

MARZIPANKARTOFFELN

aus Walnüssen

3

GENIESSEN SIE DEN ORIENTALISCHEN GESCHMACK AUS WALD UND GARTEN.

Zutaten für 500 g

- 250 g Walnusskerne
- 250 g Puderzucker
- Orangenblütenwasser 3–4 EL
- Backkakao, schwach entölt

Zeitbedarf

- 60 Minuten
- 1 Stunde trocknen

So geht's

1. Die Walnusskerne in einen Topf mit kochendem Wasser geben, kurz aufkochen und den Topf vom Herd nehmen. Die Nüsse im Wasser 3 Minuten ziehen lassen, in ein Sieb gießen und mit kaltem Wasser abschrecken.
2. Die Walnusshaut mit den Fingern abziehen **[→a]**. Das ist wirklich Fleißarbeit. Wenn Haut an den Nüssen übrig bleibt, ist das nicht weiter schlimm. Je gründlicher Sie arbeiten, desto milder werden hinterher die fertigen Marzipankartoffeln.
3. Die Walnüsse auf einem Küchentuch ausbreiten und trocknen lassen **[→b]**. Danach in der Mühle oder dem Mixer so fein wie möglich mahlen. Den Puderzucker in den Mixbehälter geben und alles zusammen vorsichtig vermahlen. Achtung, wenn die Nüsse beim Verarbeiten warm werden, tritt Öl aus, das Marzipan ist dann nicht mehr formbar.
4. Alles in eine Rührschüssel geben und nach und nach das Orangenwasser mit den Händen rasch unterkneten. Ist der Teig zu trocken, noch etwas Orangenblütenwasser zugeben. Wird er zu feucht, noch etwas Puderzucker einarbeiten.
5. Marzipan zu einer Rolle formen, in Folie wickeln und kühl stellen. Für die Kartoffeln jeweils eine haselnussgroße Menge abschneiden, zu Kugeln formen und mit Backkakao bestäuben.

VERSCHENKEN SIE die Kartoffeln in kleinen Packpapiertüten. Kühl aufbewahrt ist das Marzipan 3–4 Wochen haltbar.

SCHLEHENSIRUP

mit Glühwein-Gewürzen

DIE FRÜCHTE DER SCHLEHE SIND SEHR VITAMINREICH. ERNTEN SIE DIE SCHLEHENFRÜCHTE FÜR DIESEN SIRUP NACH DEM ERSTEN FROST, DANN SCHMECKEN SIE BESONDERS GUT.

Zutaten für ca. 1,5 Liter

- 1,5 kg Schlehen
- 750 g Grümmelkandis
- 1 Stange Ceylon-Zimt
- 3 Sternanis
- 10 Kardamomkapseln
- 40 g blanchierte Mandeln
- 1 Bio-Zitrone
- 1 Bio-Orange

Zeitbedarf

- 3 Tage je 10 Minuten
- 20 Minuten aktiv
- 1 Stunde ziehen lassen

So geht's

1. Die Schlehenfrüchte waschen und verlesen. Falls es vor der Ernte noch nicht gefroren hat, die Früchte nach dem Verlesen für 2–3 Tage tiefkühlen [→a].
2. Die Schlehen in einen Topf geben, mit kochendem Wasser übergießen, bis sie gerade mit Wasser bedeckt sind. Mit einem Topfdeckel abdecken und an einem kühlen Ort über Nacht ziehen lassen.
3. Den Ansatz durch ein Sieb in einen neuen Topf abgießen. Das Schlehenwasser einmal aufkochen und kochend erneut über die Früchte gießen. Wieder einen Tag lang an einem kühlen Ort ziehen lassen. Diesen Vorgang noch einmal am dritten Tag wiederholen und erneut einen Tag ziehen lassen.
4. Am vierten Tag die Früchte abseihen. Kardamom im Mörser leicht anstoßen. Das Schlehenwasser mit dem Kandis und den Gewürzen mischen. Auf dem Herd unter Rühren aufkochen, bis sich der Zucker vollständig aufgelöst hat. Bei kleiner Hitze 10 Minuten kochen und mit den Gewürzen etwa eine Stunde ziehen lassen.
5. Zitrone und Orange heiß abwaschen und in Scheiben schneiden. Zu dem Sirup geben und erneut ganz kurz aufkochen lassen.
6. Den Sirup durch ein feines Sieb in sterilisierte Flaschen abfüllen, die Mandeln auf die Flaschen verteilen und noch heiß verschließen.

Die Variante

Kir Royal mit Schlehensirup
3 Eiswürfel mit 20 ml Schlehensirup in ein Sekt- oder Champagnerglas geben und mit eiskaltem Sekt aufgießen. Sofort servieren.

SO *gelingt's* SICHER

[a] SCHLEHEN werden durch Frost milder im Geschmack. Wenn Sie schon vorher ernten, die Früchte für ein paar Tage tiefkühlen und vor der Verarbeitung wieder auftauen.

SO *gelingt's* SICHER

[a] SIE KÖNNEN DIE HOLUNDERBEEREN ganz einfach mit einer Gabel oder ganz vorsichtig mit den Fingern von den kleinen Ästchen streifen.

[a]

HOLUNDERLIKÖR
mit Vanille und Zimt

5

HOLUNDERBEEREN ENTHALTEN VIEL VITAMIN C, GUT FÜR DIE ABWEHRKRÄFTE IN DER KALTEN JAHRESZEIT. DEN LIKÖR SCHON IM SPÄTSOMMER ANSETZEN UND ZU WEIHNACHTEN VERSCHENKEN.

Zutaten für ca. 1 Liter

- 250 g Holunderbeeren
- 250 g braunen Kandis
- 0,7 Liter brauner Rum
- 1 Vanilleschote
- 1 Stange Ceylon-Zimt

Besonderes Werkzeug

- großes Einmachglas mit Deckel für den Ansatz

Zeitbedarf

- 20 Minuten
- 8 Wochen ziehen lassen

So geht's

1. Die Holunderbeeren gründlich waschen und so gut wie möglich von den Dolden zupfen [→a]. Die Vanilleschote längs halbieren und das Vanillemark mit dem Messerrücken auskratzen.
2. Den Kandis in das Einmachglas geben, anschließend die Früchte, Vanillemark und Vanilleschote sowie die Zimtstange zugeben und mit dem Rum auffüllen.
3. Das Glas gut verschließen und bei Zimmertemperatur etwa 4–8 Wochen ziehen lassen. Den Ansatz ab und zu im Einmachglas etwas bewegen, damit sich der Kandis besser auflösen kann.
4. Nach 4 Wochen probieren und je nach Geschmack bis zu 4 weitere Wochen ziehen lassen. Den fertigen Holunderlikör durch ein sehr feines Sieb abseihen und in saubere Flaschen zum Verschenken abfüllen. Die Vanilleschote kann im Likör verbleiben.

DEN LIKÖR können Sie auch mit Schlehen oder anderen Wildfrüchten wie dem Speierling oder auch Blutpflaumen herstellen.

MARONENKUCHEN *im Glas*

IN DIESEM REZEPT SORGEN DIE MARONEN DAFÜR, DASS DIE KLEINEN KUCHEN BESONDERS SAFTIG UND NUSSIG WERDEN.

Zutaten für ca. 6 – 8 Gläser

- 6 – 8 kleine Gläser à 200 ml
- 250 g Maronen
- 125 g weiche Butter
- 200 g Zucker
- 1 Vanilleschote
- 2 Eier
- 100 g Saure Sahne
- 180 g Dinkelmehl Typ 630
- 2 gestr. TL Weinstein-Backpulver
- 100 g Nuss-Nougat

Zeitbedarf

- 90 Minuten davon 75 Minuten backen

So geht's

1. Maronen waschen, kreuzweise auf der runden Seite einschneiden und auf ein Backblech legen. Bei 200 °C (Umluft 180 °C) etwa 40 Minuten rösten, bis sie weich sind, schälen und die braune Haut entfernen. Backofen nicht ausstellen.
2. Die Gläser gründlich mit Butter einfetten. Butter und Zucker schaumig rühren. Vanilleschote längs halbieren, das Mark herauskratzen, zu der Butter-Zucker-Mischung geben, unterrühren.
3. Die Eier und die Saure Sahne unter die Masse rühren. Dinkelmehl und Weinstein-Backpulver mischen und ebenfalls unterrühren.
4. Die Maronen hacken, fein, mittelfein oder grob, so wie es Ihnen schmeckt. Die Nougatmasse hacken. Beides zum Teig geben und nur so lange verrühren, bis alles gut gemischt ist.
5. Den Kuchenteig auf die gefetteten Gläser verteilen. Die Gläser sollten zwischen ½ und ⅔ gefüllt sein [→a].
6. Den Kuchen im Ofen ca. 35 Minuten backen. Nach dem Backen die Gläser direkt verschließen. Handschuhe nicht vergessen. Wenn die Gläser nach dem Auskühlen Vakuum gezogen haben, ist der Kuchen ca. 6 Monate haltbar. Die Gläser, in denen sich kein Vakuum gebildet hat, halten etwa 1 Woche.

Spezial

Kuchen im Weckglas
Weckgläser nach dem Backen mit Gummiring, Deckel und Klemmen verschließen, Gläser in eine mit Wasser gefüllte Fettpfanne stellen und bei 100° C ca. 30 Minuten einwecken. Nach dem Abkühlen die Klemmen entfernen. Der Ofen darf nicht heißer eingestellt werden, da sonst das Weckgummi schmilzen kann.

DER KUCHEN wird direkt aus dem Glas gelöffelt.

GLÄSER DIREKT VER-SCHLIESSEN

SO *gelingt's* SICHER

[a] NICHT ZU VIEL EINFÜLLEN! Sollte der Teig im Ofen zu sehr aufgehen, passt hinterher der Deckel nicht mehr.

SO *gelingt's* SICHER

[a] NUR WIRKLICH REIFE FRÜCHTE ernten. Reife Früchte sind ganz dunkelrot, weich und lassen sich leicht pflücken. Man kann auch ein altes Bettlaken unter einen Kornelkirschstrauch legen und kräftig an der Pflanze schütteln. Nur die Früchte, die herabfallen, sind reif. Wächst bei Ihnen in der Nähe eine Kornelkirsche, können Sie die Früchte auch nach und nach ernten, da diese auch nach und nach reifen. Die schon geernteten Früchte waschen und verlesen und dann bis zur Verarbeitung einfrieren. Noch nicht ganz reife Früchte auf einem Backblech gut ausbreiten und 1 – 2 Tage nachreifen lassen.

[a]

CHUTNEY
aus Kornelkirschen

6

DA DIE KORNELKIRSCHEN ERST NACH UND NACH REIFEN, DAUERT DIE ERNTE ETWAS LÄNGER, DAFÜR IST DER GENUSS UMSO BESSER.

Zutaten für ca. 1 kg Chutney

- 1 kg vollreife Kornelkirschen [→a]
- 4 Schalotten
- 2 EL Bratöl
- 4 Pimentkörner
- 3 Nelken
- Meersalz
- 100 ml Weißwein
- 1 Lorbeerblatt
- 175 g Zucker
- 1 Stange Ceylon-Zimt
- 1 Stck. Ingwer, haselnussgroß
- 1–2 EL Sojasoße
- evtl. etwas Obstessig (z. B. Kirschessig)
- Pfeffer aus der Mühle
- Salz

Zeitbedarf

- 1 Stunde

So geht's

1. Die Kornelkirschen waschen und verlesen. In etwas Wasser bei mittlerer Hitze kochen, bis sich die Steine gut vom Fruchtfleisch lösen. Das Fruchtfleisch in der Flotten Lotte (grober Siebeinsatz) von den Steinen trennen.
2. Die Schalotten fein würfeln. Öl im Topf erhitzen und die Schalottenwürfel bei mittlerer Hitze glasig anschwitzen. Pimentkörner und Nelken mit etwas Meersalz im Mörser zerreiben. Das Kornelkirschenmus mit Wein, Lorbeerblatt, Zucker und Gewürzen zu den Schalotten geben und ca. 30 Minuten bei mittlerer Hitze einkochen lassen. Ingwer schälen und fein hacken.
3. Erst zum Schluss den Ingwer zugeben, das Lorbeerblatt und die Zimtstange entfernen und mit Sojasoße, Obstessig, Pfeffer und Salz abschmecken.
4. In kleine, sterilisierte Gläser füllen, fest verschließen und abkühlen lassen.

DAS CHUTNEY PASST WUNDERBAR ZU WEICHKÄSE. **Verschenken Sie das Chutney doch zusammen mit einem tollen, reifen Camembert.**

MINI STERN-PIE
mit Preiselbeerfüllung

7

ÖSTERREICHISCHE LINZER TORTE, AMERIKANISCHER PIE UND FRANZÖSISCHE TARTE VEREINEN SICH IN DIESEN FEINEN STERN-PASTETCHEN.

Zutaten für 12 Stück

- 100 g weiche Butter
- 70 g Zucker
- ¼ TL Salz
- 1 Bio-Zitrone
- 170 g Weizenmehl Typ 1050
- 2–4 EL kaltes Wasser
- 200 g Preiselbeerkompott (siehe Variante)

Besonderes Werkzeug
- Muffinblech
- Keksausstecher in Sternform (7 cm)

Zeitbedarf
- 30 Minuten aktiv
- 1 Stunde kühlen
- 25–30 Minuten backen

So geht's

1. Butter, Zucker und Salz mit den Knethaken des Handrührers verrühren. Die Zitrone heiß abwaschen, abtrocknen, die Schale fein abreiben und zu der Butter-Zucker-Mischung geben.
2. Mehl zugeben und unterkneten. Nach und nach das Wasser zugeben, bis der Teig glatt ist. Rasch zu einer Kugel verkneten, in Frischhaltefolie wickeln und mindestens 1 Stunde kühlen.
3. Backofen auf 180 °C (Umluft 160 °C) vorheizen. Das Muffinblech gut mit weicher Butter einfetten. 12 kleine Streifen aus Backpapier schneiden und in die Vertiefungen legen, so können Sie die Pies hinterher gut aus der Form heben. Den Teig ca. 2–3 cm dick ausrollen, mit einem Glas (ca. 7 cm) 12 Kreise ausstechen, in die Vertiefung des Muffinblechs legen und leicht hineindrücken. Jeweils 1 TL Preiselbeerkompott auf den Teig geben und verteilen [→a].
4. Aus dem restlichen Teig mit dem Keksausstecher 12 Sterne ausstechen, auf das Kompott legen und leicht auf die Teigränder zum Verschließen drücken. 25–30 Minuten backen.
5. Nach dem Backen 5 Minuten ruhen lassen und noch warm mit Hilfe des Backpapiers aus der Form lösen und auf einem Gitter vollständig abkühlen lassen [→b]. Nach Wunsch mit Puderzucker verzieren und verpacken.

Die Variante

Preiselbeerkompott
750 g Preiselbeeren waschen und verlesen, mit 150 g Zucker, Schale und Saft einer Bio-Zitrone, Schote und Mark einer Vanilleschote und 100 ml Wasser aufkochen und bei kleiner Hitze 7–10 Minuten köcheln lassen. In sterilisierte Gläser füllen, verschließen und Vakuum ziehen lassen. Das Kompott kann auch mit Heidelbeeren zubereitet werden.

DIE PIES SCHMECKEN **auch mit anderen Wildfrüchten wie Hagebutten (S. 12/13) oder Heidelbeeren.**

SO *gelingt's* SICHER

[a] FÜLLEN SIE NICHT ZU VIEL Kompott in die Pies, sonst kocht es im Backofen später über und verklebt die Pies mit dem Blech.

[b] NICHT IM BLECH ABKÜHLEN lassen, das Kompott wird hart und kann dann beim Auslösen mit dem Blech verkleben.

SO *gelingt's* SICHER

[a] DAS VOLLKORNMEHL braucht Zeit zum Quellen. Legen Sie den Teig über Nacht abgedeckt in den Kühlschrank, wenn der Teig nur 1 – 3 Stunden ruht, kann er auch mit einem Tuch abgedeckt in einer Schüssel in der Küche stehen.

[b] DEN KUCHEN GUT EINPACKEN, nur so bekommt er seine typische weiche Kruste und wird schön saftig. Backen Sie den Honigkuchen deshalb schon 2 Tage, bevor Sie ihn verschenken wollen.

[a]

HONIGBROT
mit Waldhonig

DER ONTBIJTKOEK IST IN DEN NIEDERLANDEN EIN FRÜHSTÜCKSBROT UND WIRD MIT VIEL BUTTER GENOSSEN. MIT SEINEN GEWÜRZEN PASST ER HERVORRAGEND IN UNSERE WEIHNACHTSBÄCKEREI.

Zutaten für 2 kleine Kastenformen

- 340 g Dinkel-Vollkornmehl
- 320 g Weizenmehl Typ 550
- 420 ml Milch
- 1 Päckchen Weinstein Backpulver
- 2 TL gemahlener Zimt
- 9 Kapseln Kardamom
- 0,5 TL Meersalz
- 10 g frischer Ingwer
- geriebene Muskatnuss
- 200 g Zucker
- 120 g Rübensirup
- 240 g Waldhonig

Besonderes Werkzeug

- Papierformen für Kuchen oder Butter für die Form

Zeitbedarf

- 10 Minuten
- 1 bis 12 Stunden ruhen
- 10 Minuten aktiv
- 70 – 80 Minuten backen
- 2 Tage verpackt ziehen lassen

So geht's

1. Vollkornmehl, Weizenmehl und Milch mit einem Löffel verrühren, dann mit den Händen gut verkneten. Den Teig mindestens eine Stunde, besser jedoch über Nacht ruhen lassen **[→a]**.
2. Nach dem Ruhen Backpulver und Zimt zum Teig geben. Die Kardamomkapseln öffnen und die Samen mit dem Salz im Mörser fein verreiben. Ingwer schälen und ganz fein hacken. Gewürze zu der Mehlmischung geben und mit Muskatnuss kräftig würzen.
3. Backofen auf 160 °C vorheizen (Umluft 140 °C). Zucker, Rübensirup und Honig mit den Knethaken des Handrührers unterrühren.
4. Die Papierformen in die Kastenform stellen, oder diese gründlich mit Butter einfetten. Den Teig auf die Formen verteilen und im Ofen 70 – 80 Minuten backen. Eine Stäbchenprobe machen.
5. Kuchen nach dem Backen noch 10 Minuten in der Form ruhen lassen und dann auf einem Rost gut auskühlen. Die Kuchen in einem gut schließenden Topf aufbewahren. Alternativ können die Kuchen auch mit Alufolie fest eingepackt werden **[→b]**.

Die Variante

Große Kastenform
Sie können den Teig auch in einer großen Kastenform zubereiten, die Backzeit beträgt dann 90 Minuten.

IMMER MEHR MENSCHEN möchten imkern und ihren eigenen Honig essen, erkundigen Sie sich beim Imkerverein in Ihrer Stadt, Nachwuchs wird gesucht (Buchtipps auf Seite 122)!

KRACHNÜSSE
aus Bucheckern

8

„ALLE JAHRE WIEDER ..." GIBT ES BESONDERS VIELE BUCHECKERN. DANN IST ES ZEIT FÜR GEBRANNTE KRACHNÜSSE.

Zutaten für 400 g

200 g	Bucheckern
200 g	Zucker
½ TL	Ceylon-Zimt
200 ml	Wasser

Zeitbedarf

- 40 Minuten

So geht's

1. Die Bucheckern waschen und verlesen, in einen Topf geben und mit kochendem Wasser übergießen. Etwa 10 Minuten warten, die Früchte abgießen und kurz mit kaltem Wasser abschrecken. Die braune Haut von den Bucheckern ablösen **[→a]**.
2. Bucheckern in einer Pfanne ohne Fett anrösten, bis sie zart duften. Pfanne vom Herd nehmen, Wasser zugießen und Zucker und Zimt unterrühren. So lange unter Rühren bei mittlerer Hitze kochen, bis das Wasser verdampft und die Bucheckern vom Zucker ganz überzogen sind.
3. Nun so lange weiterrühren, bis der Zucker wieder schmilzt und langsam karamellisiert. Aufpassen, jetzt wird es heiß und kann schnell anbrennen.
4. Die fertigen, gebrannten Bucheckern auf ein Backpapier geben, gut verteilen und auskühlen lassen.

BUCHECKERN ENTHALTEN FAGIN, was schwach giftig ist. Deshalb müssen die Eckern vor dem Verzehr geröstet werden. Durch das Rösten wird der Giftstoff, der Bauchschmerzen verursachen kann, abgebaut.

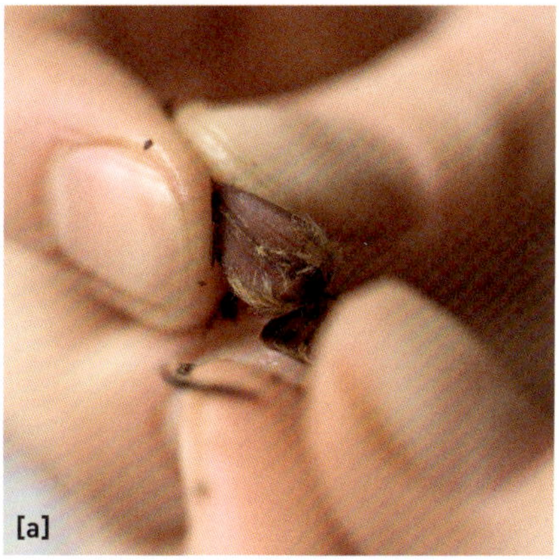

[a]

SO *gelingt's* SICHER

[a] BUCHECKERN-PELLEN ist Fleißarbeit, anfangs dauert es ziemlich lange, doch irgendwann entwickelt jeder sein eigenes System, um die braune Schale abzulösen.

SO *gelingt's* SICHER

[a] KOCHEN SIE DAS KERNGEHÄUSE mit, es enthält Pektin, welches die Fruchtmasse bindet. Nicht vergessen: Den Mullbeutel mit dem Gehäuse vor dem Pürieren entfernen.

DULCE DE MEMBRILLO
aus Ebereschen

EBERESCHE, ELSBEERE ODER SPEIERLING, ALLE GEHÖREN ZUR GATTUNG DER MEHLBEEREN. SIE KÖNNEN DIESES REZEPT MIT JEDER MEHLBEEREN-ART MACHEN, DIE SIE FINDEN.

Zutaten für 2 kg

- 700 g Ebereschen
- 3 Birnen, Äpfel oder Quitten
- ca. 200 ml Wasser
- 1 Bio-Orange
- 1 Stange Ceylon-Zimt
- ca. 1 kg Zucker
- neutrales Öl
- Zucker zum Wälzen

Zeitbedarf

- 1,5 Stunden
- 2 Tage trocknen

So geht's

1. Die Beeren abzupfen und gründlich waschen. Werden sie noch vor dem ersten Frost geerntet, vor der Verarbeitung 1–2 Tage einfrieren. Birnen, Quitten oder Äpfel schälen, entkernen und in kleine Stücke schneiden. Die Kerngehäuse in ein Mulltuch binden **[→a]**.
2. Die Beeren, Fruchtstücke und das Mulltuch mit den Kernen in einen Topf geben und so viel Wasser zugeben, dass alles knapp bedeckt ist (ca. 200 ml). So lange kochen, bis die Beeren platzen und zu einer einheitlichen Masse werden.
3. Orangenschale fein abreiben und den Saft auspressen. Den Saft zum Obst geben, Mulltuch mit den Kernen entfernen, Mus mit dem Pürierstab fein pürieren und auswiegen. Es müsste etwa 1 kg Fruchtmasse ergeben. Die gleiche Menge Zucker, die Zimtstange sowie das Mulltuch mit den Kernen wieder zugeben.
4. Alles so lange bei mittlerer Hitze kochen, bis sich die Masse vom Topfboden löst. Das dauert etwa 1 Stunde. Die Orangenschale zugeben und alles zusammen noch einmal kurz aufkochen. Die Zimtstange und das Mulltuch mit den Kernen entfernen.
5. Backpapier mit neutralem Öl einfetten und auf ein Backblech legen. Die Masse auf das Papier stürzen, zu einem Quadrat von 2–3 cm Höhe verstreichen und auskühlen lassen.
6. 1 Tag trocknen lassen und mit Zucker bestreuen. Auf ein neues Backpapier stürzen, die Oberfläche wieder etwa 1 Tag trocknen lassen und ebenfalls mit Zucker bestreuen.
7. In Würfel oder größere Stücke schneiden und verpacken.

DIES IST DIE WEIHNACHTLICHE EBERESCHEN-VARIANTE des Spanischen Klassikers „Dulce de Membrillo". Es schmeckt toll mit einem gereiften Pecorino oder Manchego, aber auch ganz wunderbar mit Nüssen, kräftigem Landbrot oder Leberpastete.

STEINPILZ-NUDELN *für die Suppe*

9

DIESE KLEINEN STEINPILZ-NUDELN WERDEN MIT KEKS-AUSSTECHERN IN PILZFORM GEBRACHT UND BRINGEN DAS GANZE JAHR ÜBER IHR TOLLES WALDAROMA IN JEDE BRÜHE.

Zutaten für 300 g Nudeln

- 15 g getrocknete Steinpilze
- 300 g feiner Hartweizengrieß
- 1 TL Meersalz
- 150 ml Wasser

Besonderes Werkzeug

- Keksausstecher in Pilzform (ca. 3 cm)
- Nudelmaschine, falls vorhanden

Zeitbedarf

- 40 Minuten
- 1 Stunde ruhen
- ca. 1 Tag trocknen

So geht's

1. Die Steinpilze im Blitzhacker so fein wie möglich vermahlen.
2. Hartweizengrieß mit Meersalz und Steinpilzmehl mischen und mit dem Wasser zu einem festen, aber nicht brüchigen Teig verkneten **[→a]**. Den Teig zu einer Kugel formen, in ein ganz leicht angefeuchtetes Küchentuch wickeln und etwa 1 Stunde im Kühlschrank ruhen lassen.
3. Den Teig mit der Nudelmaschine oder der Teigrolle ca. 1 – 2 mm dünn ausrollen und mit einem Keksausstecher kleine Pilze ausstechen **[→b]**. Eine andere Form ist natürlich auch möglich. Teigreste erneut verkneten und ausrollen. Etwas Grieß auf ein Blech streuen und die Nudelpilze darauf gut ausgebreitet trocknen lassen. Die Nudeln sind richtig durchgetrocknet, wenn sie rascheln.

Steinpilze trocknen

Steinpilze putzen, Schmutz und Erde und schadhafte Stellen mit einem Messer abkratzen oder abschneiden und in Scheiben schneiden. Im Ofen bei 50 °C trocknen. Ab und zu die Ofentür öffnen, damit die Feuchtigkeit entweichen kann. Alternativ die Pilze ein paar Tage an der Luft trocknen.

DIE NUDELN IN KOCHENDEM SALZWASSER etwa 5 – 8 Minuten kochen und zum Servieren in die Brühe geben.

[b]

SO *gelingt's* SICHER

[a] ZU ANFANG eine größere Menge Wasser zu dem Grießgemisch geben, dann immer kleinere Mengen Wasser, bis der Teig die richtige Konsistenz hat. Am Ende nur noch teelöffelweise das Wasser zugeben. Ist der Teig zu weich und klebrig, noch etwas Grieß zugeben.

[b] WENN SIE DEN TEIG mit dem Nudelholz ausrollen, müssen Sie etwas Geduld haben, bis er die gewünschte Dicke hat. Ist er zu dick, sind die Nudeln hinterher zäh.

[a]

SO *gelingt's* SICHER

[a] VERWENDET WERDEN dürfen nur die Früchte der *Berberis vulgaris*. Die meisten Hecken-Berberitzen sind die Art Berberis thunbergii und enthalten Berberin und Berbamin, die Haut, Augen, Magen und Darm reizen können.

BEIM TROCKNEN IM BACKOFEN OFENTÜR AB UND ZU ÖFFNEN

BERBERITZE
als Gewürz

10

BERBERITZENFRÜCHTE SIND VITAMINREICH UND SCHMECKEN LEICHT SAUER. IM IRAN WERDEN SIE TRADITIONELL IN REIS GEGESSEN.

Zutaten für 100 g

500 g Berberitzen

Besonderes Werkzeug

- evtl. Trockenrahmen

So geht's

1. Nur die Früchte der Gewöhnlichen Berberitze *(Berberis vulgaris)* [→a] können als Gewürz verwendet werden.
2. Reinigen Sie die Früchte mit einem leicht feuchten Tuch und waschen Sie sie nicht. Anschließend im Dörrgerät oder im Backofen bei 50 °C (am besten Umluft) trocknen. Die Ofentür ab und zu öffnen, damit die Feuchtigkeit entweichen kann.
3. Alternativ die Früchte ein paar Tage auf dem Trockenrahmen an einem warmen, luftigen Ort antrocknen und abschließend im Ofen bei 50 °C gut durchtrocknen lassen.
4. Wenn die Früchte hart getrocknet sind, auskühlen lassen und so luftdicht wie möglich in Schraubgläsern aufbewahren.

Die Variante

Berberitzen-Knusper-Müsli
100 g Schokolade hacken. 100 g Zucker mit ¼ l Wasser aufkochen, bis sich der Zucker auflöst. Topf vom Herd nehmen und Schokolade, 50 g Distelöl und 3 EL Ahornsirup einrühren. 500 g zarte Haferflocken, 100 g gepuffter Quinoa, 50 g getr. Berberitzen, 3 EL Backkakao, 0,5 TL Ceylon-Zimt und 2 Prisen Salz mischen, die Zuckermischung zugeben und alles gut verrühren. Auf ein Backpapier geben und verteilen. Bei 155 °C (Umluft bevorzugt) etwa 40 Minuten trocknen und rösten, dabei ab und zu umrühren. Luftdicht in Gläsern aufbewahren und verschenken.

DIE GANZE PFLANZE, besonders die Wurzel, ist giftig. Wie gut, dass die Beeren eine Ausnahme machen. Die roten Früchte sind ein vitaminreiches Gewürz.

PFLAUMENMUS
mit Schokolade

II

DIESES PFLAUMENMUS SCHMECKT SO GUT, DA MACHEN WIR DIREKT DIE DOPPELTE MENGE.

Zutaten für ca. 2 kg

- 4 kg Pflaumen/Zwetschgen
- 600 g Grümmelkandis
- 2 Ceylon-Zimtstangen
- 8 Sternanis
- 2 Vanilleschoten
- 200 g Lieblingsschokolade

Besonderes Werkzeug
- evtl. Pflaumenentsteiner

Zeitbedarf
- 1 bis 1,5 Stunden

So geht's

1. Die Pflaumen waschen und entsteinen **[→a]**.
2. Früchte, Kandis und Zimtstangen in einen Topf geben. Den Sternanis in ein Mullsäckchen oder einen Teefilter geben und zubinden. Die Vanilleschoten halbieren, das Mark herauskratzen und zusammen mit den Schoten und dem Sternanis zugeben.
3. Die Früchte aufkochen lassen und dann bei kleiner Hitze 60–90 Minuten einkochen. Regelmäßig umrühren, damit nichts anbrennt. Je länger das Mus kocht, desto süßer und intensiver wird es hinterher.
4. Kurz bevor das Mus fertig ist, die Vanilleschoten, das Gewürzsäckchen mit dem Sternanis sowie die Zimtstangen entfernen. Die Schokolade hacken, zugeben **[→b]** und so lange rühren, bis sie ganz im Mus geschmolzen ist.
5. In sterilisierte Gläser abfüllen und sofort verschließen.

Die Variante

Lebkuchenmus mit Rum
Bereiten Sie das Mus wie beschrieben zu. Würzen Sie zusätzlich zu den angegebenen Gewürzen das Mus mit 1 EL Lebkuchengewürz. Geben Sie kurz vor dem Abfüllen 4 EL cremigen Honig und 60 ml braunen Rum dazu und rühren Sie alles gut unter, bis der Honig in der Masse geschmolzen ist.

LIEBLINGSSCHOKOLADE Sie können für dieses Mus ganz nach Geschmack Ihre Lieblingsschokolade verwenden: Vollmilch, Bitterschokolade oder auch weiße Schokolade, ganz wie es Ihnen am besten gefällt.

SO *gelingt's* SICHER

[a] ERNTEN SIE die Früchte so spät wie möglich, damit diese so viel Zucker wie möglich bilden konnten.

[b]

EINFACH UND CHARMANT: ETIKETT AUS PACKPAPIER

SO *gelingt's* SICHER

[a] DEN SIRUP mindestens so lange kochen, bis sich der ganze Zucker aufgelöst hat, insgesamt etwa 10 Minuten einkochen lassen.

MARONEN
in Weihnachtssirup

DIE SCHÖN SÜSSE LECKEREI SCHMECKT PUR, ZU KÄSE ODER AUCH ZU SCHINKEN UND IST EIN AUSSERGEWÖHNLICHES WEIHNACHTSGESCHENK FÜR FEINSCHMECKER.

Zutaten für 4 Gläser à 250 ml

- 1 kg Maronen
- 1 Vanilleschote
- 5 Kapseln Kardamom
- 500 g Zucker
- 800 ml roter Traubensaft
- 1 TL Ceylon-Zimt
- 5 Nelken
- 5 Pimentkörner

Zeitbedarf

- 40 Minuten

So geht's

1. Maronen vorbereiten, wie auf Seite (24/25) beschrieben. Kardamomkapseln im Mörser leicht anstoßen. Die Vanilleschote halbieren und das Vanillemark mit einem Messer auskratzen.
2. Zucker, Traubensaft und Gewürze erhitzen und 10 Minuten zu einem dickflüssigen Sirup einkochen lassen.
3. Die Maronen zugeben und mit dem Sirup zusammen erhitzen. In sterilisierte Gläser füllen und sofort verschließen. Wenn die Gläser Vakuum gezogen haben, sind die Maronen etwa 1 Jahr haltbar.

Die Variante

Grüne Walnüsse
Am 24. Juni mit 1 kg grünen Walnüssen zubereiten. Unbedingt immer Handschuhe tragen! Nüsse rundherum einstechen und in einem Topf an einem kühlen Ort 14 Tage wässern, Wasser täglich wechseln. Nüsse in Salzwasser 30 Minuten köcheln lassen, mit klarem Wasser abspülen. 1,2 kg Zucker, 2,5 l Wasser, 1 Vanilleschote, 5 Nelken, 1 TL Ceylon-Zimt, 5 Kapseln Kardamom und Piment aufkochen, so lange kochen, bis sich der Zucker löst. Nüsse zugeben, zusammen 30 Minuten unbedeckt köcheln lassen. In sterilisierte Gläser abfüllen, verschließen, bis Weihnachten ziehen lassen. Die Nüsse passen zu Vanilleeis oder Käse.

ALTERNATIV können Sie dieses Rezept auch mit Nüssen aus dem Garten oder Mandeln zubereiten.

WEIHNACHTSSAFT
aus Äpfeln

ÄPFEL DÜRFEN IM WINTER NICHT FEHLEN. WENN ES DRAUSSEN KALT IST, WÄRMT EIN HEISSER APFELSAFT, AM BESTEN MIT ÄPFELN AUS DEM EIGENEN GARTEN.

Zutaten für ca. 5 Liter Saft

- 10 kg Äpfel
- 2 Bio-Zitronen
- 2 Vanilleschoten
- 2 Stangen Ceylon-Zimt
- 2 l Wasser

Besonderes Werkzeug

- Saftflaschen

Zeitbedarf

- 1 Stunde

So geht's

1. Äpfel gründlich waschen und sortieren. Alle dunklen Stellen, Wurmlöcher, Druckstellen o. Ä. werden großzügig herausgeschnitten. Die Äpfel würfeln. Die Zitronen waschen und in Scheiben schneiden, Vanilleschoten halbieren und das Vanillemark mit dem Messerrücken auskratzen.
2. Apfelstücke, Zitronenscheiben, Vanillemark und Schoten, Zimtstangen und Wasser in einen großen Topf geben. Das Wasser aufkochen lassen und dann bei mittlerer Hitze etwa 30 Minuten lang die Äpfel weich musig zerkochen. Nach 15 Minuten die Zimtstangen entfernen. Je länger die Zimtstangen mitkochen, desto intensiver wird der Zimtgeschmack.
3. Währenddessen die sauberen Saftflaschen 15 Minuten bei 130 °C im Backofen sterilisieren [→a].
4. Ein großes Sieb mit einem sauberen Geschirrtuch in einen zweiten Topf hängen und einen Teil der Apfelmasse hineinschütten. In mehreren Schritten arbeiten, da das Sieb wahrscheinlich zu klein für die ganze Apfelmasse ist.
5. Äpfel gut abtropfen lassen, die Masse dann mit dem Tuch aus dem Sieb heben, das Tuch zusammendrehen und so viel Flüssigkeit wie möglich auspressen. Den gesamten Saft noch einmal kurz aufkochen und noch heiß abfüllen und verschließen. Der Apfelsaft ist etwa 2 Jahre haltbar.
6. Es gibt so viele Möglichkeiten, um Saft herzustellen. Ich beschreibe in diesem Rezept die Methode, bei der man die wenigsten Geräte haben muss.

WER EINEN DAMPF-ENTSAFTER HAT, sollte ihn für die Saftherstellung verwenden. Gebrauchte Dampfentsafter gibt es oft sehr günstig auf Flohmärkten oder beim sozialen Möbelverkauf.

SO *gelingt's* SICHER

[a] ARBEITEN SIE bei der Saftherstellung so sauber wie möglich, da dem Saft keine Konservierungsstoffe wie Zucker zugesetzt werden. Sterilisieren Sie die sauberen Flaschen und das Zubehör wie z. B. den Trichter zum Abfüllen des Saftes.

DEKORATIONEN

für drinnen

SPÄTESTENS ZUM ADVENT SIND WIR NICHT MEHR AUFZUHALTEN UND MÖCHTEN UNSERE WARMEN INNENRÄUME MIT DEN SCHÄTZEN DER NATUR WEIHNACHTLICH DEKORIEREN. UND DA GIBT ES SO VIELE MÖGLICHKEITEN!

WEIHNACHTLICHE DEKORATION *mit den Schätzen der Natur*

VIELE MATERIALIEN AUS NATUR UND GARTEN EIGNEN SICH FÜR DEKORATIONEN. SAMMELN SIE ACHTSAM UND ENTSCHEIDEN SIE BEWUSST, WAS MIT INS HAUS KOMMT.

MATERIALIEN

Die klassischen Dekoschätze zu Weihnachten sind natürlich jede Art von Zapfen, Immergrün, Moos, Zweige, Rinde, vertrocknete Samenstände und Beeren. Aber auch aus Strandgut und Fundholz sowie mit Efeuranken vom Winterschnitt lässt sich einiges anfangen.

ZEITPUNKT

Die Suche beginnt schon im Herbst, wenn die ersten Samenstände trocknen und Nüsse und Eicheln reif werden. Baumrinden und Moos können Sie das ganze Jahr über sammeln. Moos trocknet ein, doch wenn Sie es wieder wässern, ist es wieder frisch und grün.

SAMMELN

Achten Sie darauf, was und wo Sie es sammeln, entnehmen Sie der Natur nicht zu viel, sondern gehen immer maßvoll vor. Viele Pflanzen, wie z.B. Wacholder, stehen unter Naturschutz und dürfen nicht gesammelt werden. Ebenso ist es verboten, in Naturschutzgebieten Pflanzen mitzunehmen. Respektieren Sie diese Verbote zum Schutz von Pflanzen und Tieren. Nüsse, Samen und Beeren dienen als Nahrung und zur Fortpflanzung.

[a]

SO *gelingt's* SICHER

[a] WENN SICH LÖCHER oder Falten bilden, war die Kugel nicht fest genug gewickelt. Was hilft: etwas frische Wolle über die Stelle legen und mit einfilzen.

FILZEICHELN *aus Wolle*

12

DIESE FILZEICHELN SIND EIN TOLLER BAUMSCHMUCK UND KÖNNEN AUCH PAKETE ALS KLEINE GESCHENK-ANHÄNGER VERZIEREN.

Zutaten für 15 Stück

15 Eichelkäppchen

Filzwolle (Kammzug)

Besonderes Werkzeug

- Naturseife
- Knallfolie
- heißes Wasser
- Holzleim

Zeitbedarf

- 1 Stunde

So geht's

1. Von der Filzwolle etwa 25 cm Wolle abziehen und nicht schneiden. Davon wiederum einen 1 cm breiten Streifen abziehen. Das eine Ende leicht verschlingen und den Wollstreifen kreuz und quer fest drum herumwickeln, so wie man ein Wollknäuel aufwickeln würde. Die Wolle sollte dabei trotzdem schön weich ausgebreitet aufliegen.
2. Etwas heißes Wasser über die Kugel gießen und zwischen den Händen die Kugel leicht und sanft rollen. Die Hände mit der Seife gut einschäumen und die Kugel im Seifenschaum weiterrollen.
3. Wenn die Kugel etwas fester geworden ist, auf die noppige Seite der Knallfolie legen, die Folie darüber schlagen und zwischen den Folien hin und her rollen. Immer mal wieder heißes Wasser über die Kugel gießen und die Kugel mit frisch eingeseiften Händen einschäumen **[→a]**.
4. Wenn sich die Kugel fest genug anfühlt, mit Druck leicht oval wie eine Eichel formen. Unter klarem Wasser gut ausspülen, mit einem Handtuch auspressen, wieder in Form bringen und trocknen lassen.
5. Die trockenen Filzeicheln mit dem Leim in die Eichelkappen kleben und trocknen lassen.

MACHEN SIE ZUERST EINE PROBEKUGEL um zu schauen, ob die Wollmenge passt und die ovale Filzkugel groß bzw. klein genug wird. Bei der nächsten Kugel können Sie dann die Menge der Filzwolle entsprechend anpassen.

KLEINE MINIKRÄNZE
aus Efeuranken

13

EFEU ÜBERWUCHERT STEINE UND MAUERN. AUS DEN BIEGSAMEN EFEURANKEN LASSEN SICH KLEINE KRÄNZE ALS BAUMSCHMUCK WINDEN.

Zutaten für 10 Kränze

- 10 Efeuranken (1 m)
- Faden/Garn

Zeitbedarf

- 45 Minuten

So geht's

1. Die Efeublätter mit den Händen von den Ranken abziehen **[→a]**.
2. Mit dem einen Ende der Efeuranke wird ein Kreis von etwa 7 cm Durchmesser geformt. Winden Sie nun die restliche Ranke immer wieder um den Kreis herum, bis ein kleiner Kranz entsteht. Das Ende der Ranke zwischen den Kranzwindungen verstecken und einklemmen. Falls es nicht hält, mit etwas Garn festbinden.
3. Eine bunte Schnur am Kranz dient als Aufhänger für den Christbaumschmuck. Sie können die Kränze auch ohne Aufhänger über die Äste des Baumes hängen.

Die Variante

Großer Kranz
Winden Sie einen großen Kranz aus 20 – 25 ca. 2 m langen Efeuranken. Entfernen Sie die Blätter und verschlingen Sie etwa 15 Ranken gebündelt zu einem größeren Kranz. Binden Sie mit Draht die Enden fest zusammen und stecken Sie einzelne herausschauende Enden zwischen die Ranken. Flechten und winden Sie die restlichen Ranken um den Kranz und verstecken somit den Draht. Evtl. den Kranz mit frischen Blättern, Moos, kleinen Zapfen oder Beeren verzieren. Mit Beeren verzierte Kränze können nach Weihnachten draußen als Vogelfutter dienen.

DIESE KLEINEN KRÄNZE können Sie auch aus anderen Ranken wie Waldklematis oder Geißblatt formen.

SO *gelingt's* SICHER

[a] TRAGEN SIE DABEI leichte Gartenhandschuhe, um sich nicht zu verletzen. Dickere Ansätze mit einer Gartenschere oder dem Messer abschneiden.

SO *gelingt's* SICHER

[a] ACHTEN SIE DARAUF, dass das Holz für die Sternform wirklich gut abgelagert und trocken ist, sonst brechen die Stücke beim Trocknen in der warmen, geheizten Wohnung einfach ab.

KERZENSTÄNDER

aus Holzresten

BEI DER GARTENARBEIT GIBT ES IMMER WIEDER SCHÖNE ÄSTE UND HOLZSTÜCKE, AUS DENEN SIE INDIVIDUELLE OBJEKTE HERSTELLEN KÖNNEN.

Zutaten für einen Kerzenständer

- Eine kleine Baumscheibe ca. 10 cm ø
- 1 dreieckiger Holzscheit (1 Jahr gelagert)
- 1 Kerze
- Äste mit Beeren (z. B. Liguster)
- evtl. Weihnachtsschmuck
- Holzleim

Besonderes Werkzeug

- Holzsäge

Zeitbedarf

- 30 Minuten

So geht's

1. Die Baumscheibe dient als Untersetzer für die Kerze. Platzieren Sie die Kerze in der Mitte der Scheibe oder kennzeichnen Sie deren Dicke mit ein paar dünnen Bleistift-Markierungen.
2. Mit der Holzsäge dann vom Holzscheit dünne Scheiben abschneiden und sternförmig um die Mitte der Kerze herumlegen [→a].
3. Die Holzstrahlen mit etwas Leim festkleben und warten, bis der Leim gut durchgetrocknet ist.
4. Dann können Sie den Kerzenständer nach Belieben mit Beeren, kleinen Zapfen und auch Schleifenband oder kleinen Weihnachtskugeln dekorieren.

SICHERHEIT Lassen Sie die brennende Kerze niemals unbeaufsichtigt und achten Sie darauf, dass die Kerze sicher steht. Kerzen niemals in der Nähe von leicht entflammbaren Materialien (z. B. Gardinen) aufstellen.

FILZSTEINE
als Türstopper

STEINE IM SCHAFSPELZ: DIESE SCHWEREN TÜRSTOPPER KÖNNEN AUCH ALS GESCHMACKVOLLE DEKORATION IHRE WOHNUNG VERSCHÖNERN.

Zutaten für einen Stein

Filzwolle
runder, mittelgroßer Stein
Naturseife
sehr heißes Wasser

Besonderes Werkzeug
- Noppenfolie

Zeitbedarf
- 1 Stunde

So geht's

1. Von der Filzwolle wird ein ca. 20 cm langer Strang abgezupft und nicht geschnitten. Die Filzwolle ausbreiten und zu einer Fläche von ca. 20 × 20 cm locker auffächern. Eine weitere Lage Wolle „in anderer Laufrichtung" auf die erste Lage legen. Ein paar helle Wollstränge quer unter der Wolllage verteilen, diese werden hinterher die hellen Einschlüsse im Stein.
2. Den Stein auf die Wollschicht legen und gut mit der Wolle einschlagen.
3. Den Stein mit der offenen Wollschicht nach unten auf die raue Seite der Noppenfolie legen und mit etwas heißem Wasser übergießen.
4. Die Hände gründlich mit der Seife einschäumen und mit den Händen langsam über die Wollschicht reiben, damit alles schön schaumig wird. Den Stein mit der Wolle vorsichtig in den eingeseiften Händen drehen und reiben, damit die Fasern verfilzen und sich die offenen Stellen schließen [→a].
5. Wenn die Wolle langsam fester wird, den Stein mit der Noppenfolie einschlagen und mit Hilfe der Folie drehen, reiben und walken [→b]. Immer wieder heißes Wasser über den Stein gießen und mit reichlich Seife einschäumen.
6. Falls Löcher entstehen, diese mit etwas frischer Wolle bedecken und vorsichtig anfilzen. Es dauert einige Zeit, bis sich die Wolle richtig fest um den Stein legt. Also kräftig walken!
7. Zum Schluss den Stein gründlich auswaschen und gut trocknen lassen.

[a]

SO *gelingt's* SICHER

[a] ACHTEN SIE DARAUF, dass die Wolle nicht in feinen Strängen in sich verfilzt, sondern miteinander eine dichte Filzschicht ergibt.

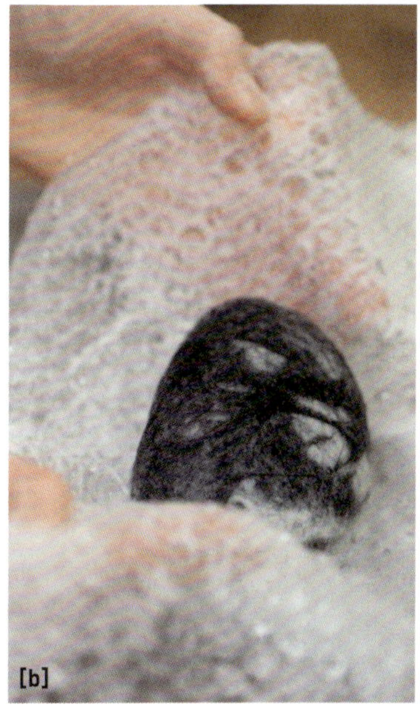

[b]

SO *gelingt's* SICHER

[a] SCHNEIDEN SIE die Zweige wirklich am 4. 12., sonst blühen sie an Weihnachten nicht.

[b] TRADITIONELL werden Kirschzweige geschnitten, es funktioniert aber auch wie hier mit Zierquitte oder anderen Früchten wie Schlehe, Apfel, Kornelkirsche oder anderem Baumobst aus dem Garten.

BARBARAZWEIGE
aus Zierquitte

KEIN ANDERES GESCHENK IST SO EINFACH ZU MACHEN WIE DIESES, UND DOCH BEEINDRUCKT ES IMMER WIEDER AUFS NEUE, WENN SICH AM HEILIGABEND DIE ERSTEN BLÜTEN ÖFFNEN.

Zutaten

ein paar Zweige Zierquitte oder andere Obstzweige

Besonderes Werkzeug

- scharfe Gartenschere

Zeitbedarf

- 5 Minuten

So geht's

1. Am 4. Dezember ist Barbaratag [→a]. An diesem Tag die Barbarazweige schneiden [→b].
2. Die Zweige über Nacht in lauwarmes Wasser legen und am nächsten Morgen in eine Vase mit frischem Wasser stellen. Das Wasser bis Weihnachten regelmäßig auswechseln und darauf achten, dass immer ausreichend vorhanden ist.
3. Die Zweige in der warmen Wohnung nicht zu warm, z. B. nicht in Heizungs- oder Ofennähe, stellen, da sie sonst austrocknen können.
4. Am 24. Dezember öffnen sich die Blütenknospen.

SCHNEIDEN SIE DIE ZWEIGE GANZ FRISCH AN bevor Sie diese in die Vase stellen. Am besten ist ein langer, schräger Schnitt mit einem scharfen Messer. So können die Zweige das Wasser am besten aufnehmen.

WEIHNACHTSBÄUME
aus Holunderzweigen

14

DAS WEICHE HOLZ VON HOLUNDERBÄUMEN IST EIN WUNDERBARES HOLZ, Z. B. ZUM DRECHSELN. ES IST DICHT, FEINPORIG UND LÄSST SICH BESONDERS LEICHT VERARBEITEN.

Zutaten für 1 Baum

verschieden lange Äste Holunder

robuster Faden

Besonderes Werkzeug
- Gartenschere
- Akkuschrauber mit dünnem Bohrer 1 – 2 mm ø

Zeitbedarf
- 15 Minuten

So geht's

1. Die Holunderäste mit der Gartenschere so zuschneiden, dass sie übereinander liegend, in der Form eines Tannenbaums spitz zulaufen. Für die Zwischenstücke und den Baumstamm kurze Aststückchen von 2 – 3 cm zuschneiden.
2. Durch die Mitte der Äste, die später den Baum ergeben sollen, mit dem Bohrer jeweils quer ein Loch bohren. Das Holzstück für den Stamm längs durch die weiche Mitte durchbohren [→a].
3. An das Ende des Fadens einen Knoten machen und erst das Längsstück für den Stamm, dann die langen Stücke quer mit jeweils einem kurzen Stück dazwischen auffädeln.
4. Die Bäumchen können in verschiedenen Größen gebastelt werden. Kleinere Bäumchen als Schmuck für den Weihnachtsbaum, größere als Fensterdeko.

WER MÖCHTE, kann den oder die Bäume noch mit Weihnachtsschmuck verzieren oder die Äste weihnachtlich bemalen.

SO *gelingt's* SICHER

[a] DAS WEICHE INNERE des Holunderzweigs („Markröhre") können Sie ganz leicht mit einer Stopfnadel oder einem Metallspieß durchbohren.

[a]

[b]

SO *gelingt's* SICHER

[a] IM HERBST können Sie den Stoff auch mit bunten Blättern bedrucken. Sind die Blätter zu dick und ist die äußerste Schutzschicht (Kutikula) besonders wachsig, dann lässt sich der Pflanzensaft nur schwer mit dem Hammer herausschlagen. Efeublätter der Sorte „Arborescens" (Strauchefeu) färben z. B. so gut wie gar nicht ab.

STOFFDRUCK *aus Efeu*

DIE FARBEN UND FORMEN DER NATUR FÄRBEN STOFFE MIT IHREN EIGENEN MUSTERN. WIE WÄRE ES MIT EFEU?

Zutaten

- heller Stoff
- Efeuranken oder andere Blätter [→a]

Besonderes Werkzeug

- Bügeleisen
- Hammer
- Fester Karton als Unterlage
- 2 alte Geschirrtücher o. Ä. zum Verarbeiten

Zeitbedarf

- 1 Stunde

So geht's

1. Den Stoff glatt bügeln. Da die Blätter beim Verarbeiten auch auf den Untergrund abfärben, am besten eine feste Pappunterlage unter den Stoff legen. Die Efeublätter auf dem Stoff platzieren. Das alte Tuch über die Blätter legen.
2. Mit der flachen Seite des Hammers auf die Stellen schlagen, an denen die Blätter liegen. Wenn sich das Blatt gut abzeichnet, auf die nächste Blattstelle schlagen, bis alle Blätter sich durchzeichnen. Das obere Tuch und die Pflanzenreste entfernen.
3. Ein frisches Tuch auf den Stoff legen und so heiß wie möglich bügeln.

DER STOFF KANN BEI 30° C GEWASCHEN WERDEN, je öfter Sie den Druck waschen, desto blasser wird die Farbe. Auch Sonne lässt die Farbe verblassen, der Stoff sollte deshalb nicht in der prallen Sonne liegen oder trocknen.

MUSCHELKERZEN
mit Bienenwachs

15

DIE MUSCHELN AUS DEM STRANDURLAUB ERHELLEN AN WEIHNACHTEN, MIT DUFTENDEM BIENENWACHS GEFÜLLT, DAS HAUS.

Zutaten für 15 Kerzen

- ca. 200 – 300 g Bienenwachs 100 %
- 15 Muscheln
- 15 Teelicht-Dochte für Bienenwachs mit Fuß [→a]

Besonderes Werkzeug

- Backpapier

Zeitbedarf

- 30 Minuten

So geht's

1. Das Bienenwachs vorsichtig über dem Wasserbad schmelzen. Das Backpapier ausbreiten und die Muscheln darauf auslegen. Wählen Sie Muscheln aus, die möglichst tief sind und recht stabil liegen.
2. Die Teelicht-Dochte in die Mitte der Muscheln stellen und ausrichten. Vorsichtig das flüssige Bienenwachs in die Muscheln gießen und aushärten lassen.
3. Falls etwas Wachs neben die Muscheln läuft, kann es einfach vom Backpapier abgelöst und wieder in den Topf gegeben werden.

Die Variante

Eichelkappen als Schwimmkerzen
Befüllen Sie die Kappen von Eicheln wie beschrieben mit dem Wachs. Das Befüllen ist etwas schwieriger als bei den Muscheln. Die Eichelkappen-Kerzen sind tolle Schwimmkerzen und brennen 15 – 20 Minuten.

VORSICHT MIT DEM HEISSEN BIENENWACHS, **es kann verdampfen und die Dämpfe können sich selbst entzünden. Die sicherste Methode ist das Schmelzen über dem Wasserbad. Das Schmelzen dauert länger, das Wachs kann so aber nicht überhitzen.**

SO *gelingt's* SICHER

[a] VERWENDEN SIE Runddocht, der extra für Bienenwachs empfohlen wird. Ein Runddocht hat eine flache und eine runde Seite. An der flachen Seite bilden die Fäden ein V. Die Spitze des V zeigt nach unten zur Muschel.

SO *gelingt's* SICHER

[a] DIE KLEBEARBEIT braucht etwas Zeit, da Sie bei jeder einzelnen Walnuss-Schale warten müssen, bis diese mit dem Kleber fest am Glas sitzt.

WINDLICHT
mit Walnuss-Schalen

DIE WALNUSS-SCHALEN ZAUBERN EIN TOLLES LICHTERSPIEL AUF TISCH UND WÄNDE.

Zutaten für 1 Windlicht

1 Einmachglas
Walnuss-Schalen-Hälften (ca. 45)
Sand
Kerze

Besonderes Werkzeug
- Heißkleber

Zeitbedarf
- 45 Minuten

So geht's

1. Bekleben Sie das Einmachglas rundherum mit den Walnuss-Schalen. Tragen Sie den Heißkleber auf die Innenränder der Walnuss-Schalen auf und drücken Sie die Schalen mit dem Kleber an das Glas, bis der Kleber abkühlt und wieder fest wird **[→a]**.
2. Verteilen Sie die Nuss-Schalen locker und ungeordnet rund um das Glas herum.
3. Etwas Sand auf dem Glasboden hält die Kerze an Ort und Stelle und isoliert, falls das Glas zu heiß wird oder etwas Wachs neben die Kerze tropft.

Die Variante

Blumenvase mit Walnuss-Schalen
Sie können auch alte Blumenvasen mit den Walnuss-Schalen verschönern. Bekleben Sie die Vase, wie beschrieben, rundherum, bis sie nicht mehr sichtbar ist. Kleben Sie die Schalen partiell auch in mehreren Lagen übereinander, damit von der alten Vase nichts mehr durchblitzt.

ZIMMERPFLANZEN **Sie können das Windlicht auch als Übertopf für Ihre Zimmerpflanzen verwenden.**

KLEIDERHAKEN
aus Ästen

16

NATUR IST EINFACH SCHÖN! LEICHT MODIFIZIERT ENTSTEHEN SO DIESE PRAKTISCHEN UND HÜBSCHEN ASTHAKEN.

Zutaten für 5 Haken

Fundholz mit 5 ausgeprägten Astgabeln

Besonderes Werkzeug
- Bohrmaschine
- 8 mm-Holzbohrer
- Holzsäge
- Schleifpapier

Zeitbedarf
- 1 Stunde

So geht's

1. Suchen Sie sich die 5 schönsten Astgabeln aus. Etwa 5 cm oberhalb und unterhalb der Astgabel am Ast abmessen und das Holz dort mit der Säge absägen. Die Astgabel selber (welche später dann der Haken ist) wird mit der Holzsäge auf etwa 4 – 5 cm gekürzt.
2. Die kleinen Aststücke auf eine feste Unterlage legen und mit der Holzsäge das hintere Drittel absägen. So entsteht an der Rückseite eine flache Auflagefläche und der Haken kann deshalb später besser an der Wand verschraubt werden.
3. Nun die Schnittflächen (Ober- und Unterseite des Hakens sowie die gekürzte Astgabel) mit dem Schleifpapier glätten. Wer möchte, kann die Flächen dabei auch etwas abrunden **[→a]**.
4. Ganz zum Schluss mit dem Holzbohrer noch die Befestigungslöcher etwa 0,5 – 1 cm unterhalb von Ober- und Unterkante markieren und bohren.

AUS GRÖSSEREN ASTGABELN können auf diese Weise schöne Kleiderhaken entstehen. Mehrere kleine, zusammen auf ein raues Holzbrett geschraubt, werden zu einem Schlüsselbrett.

SO *gelingt's* SICHER

[a] GLÄTTEN SIE den gesamten Haken mit dem Schleifpapier, so kann später nichts an einer rauen Stelle hängen bleiben.

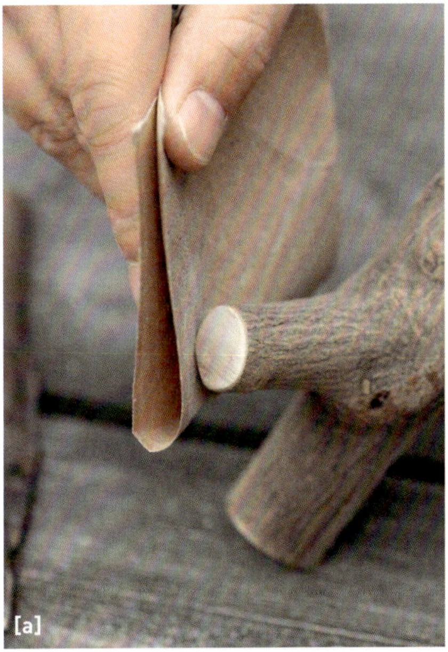

[a]

[a]

SO *gelingt's* SICHER

[a] FRISCH GEBOHRT sind die Knopflöcher etwas rau. Der Faden kann daher recht schnell reißen und der Knopf verlorengehen. Wenn die Bohrlöcher glatt geschliffen sind, reißt der Faden nicht so schnell.

HOLZKNÖPFE
aus Obsthölzern

17

KLEIN, ABER FEIN! BEIM BAUMSCHNITT FALLEN IMMER WIEDER SCHÖNE ÄSTE AN, AUS DENEN SIE DANN DIESE NATÜRLICHEN KNÖPFE HERSTELLEN KÖNNEN.

Zutaten

Ast mit 1,5–3 cm ø (ca. 1 Jahr trocknen)

Olivenöl

Besonderes Werkzeug
- Säge
- Holzbohrer 2 mm ø
- kleine, spitze Rundfeile
- feines Schleifpapier

Zeitbedarf
- 1,5 Stunden
- 2–5 Stunden in Öl einlegen
- 2–3 Tage durchtrocknen

So geht's

1. Zuerst vom Ast dünne Scheiben von etwa 3 mm absägen. Dann mit dem Holzbohrer 2 Löcher bohren. Legen Sie dazu den Knopf auf eine alte Holzunterlage, die auch ein bisschen angebohrt werden kann.
2. Wenn möglich, die Bohrlöcher mit einer kleinen, spitzen Rundfeile entgraten **[→a]**. Nun die Oberfläche der Knöpfe noch mit dem Schleifpapier fein schleifen.
3. Füllen Sie etwas Olivenöl in ein Glas und legen Sie die Knöpfe ein paar Stunden im Öl ein. Anschließend herausnehmen, das Öl gut einpolieren und die Knöpfe ein paar Tage auf Küchenpapier trocknen lassen.

DIE KNÖPFE können Sie bei Handwäsche vorsichtig mitwaschen. Sie werden dann nach jeder Wäsche etwas heller und grauer. Nach dem Waschen wieder ganz leicht mit etwas Pflanzenöl einfetten.

KOSMETIK
und Wellness

ENTDECKEN SIE DIE NATÜRLICHEN SCHÖNHEITSHELFER AUS NATUR UND GARTEN. DOUGLASIE, ALGEN, SANDDORN UND SOGAR KIESELSTEINE VERWÖHNEN HAUT UND SEELE AN KALTEN WINTERTAGEN.

NATURKOSMETIK
mit Pflanzen aus Wald und Garten

SIE KOSTET NICHT VIEL GELD, NUTZT DIE PFLEGEKRÄFTE AUS DER NATUR UND MACHT SCHÖN. WENN SIE KOSMETIK SELBER MACHEN, WISSEN SIE GANZ GENAU, WAS IN IHREN PFLEGEPRODUKTEN STECKT.

SELBER MACHEN

Fußbad, Pflegeöl und auch Cremes sind schnell und einfach selbstgemacht. Eine echte Naturseife selber zu sieden braucht zwar etwas Vorbereitung, ist aber eigentlich fast so einfach wie Kuchen backen, wenn Sie ein paar wichtige Grundregeln beachten. Sie können entscheiden, welche Rohstoffe, wie Öle, Erden und Pflanzenextrakte, Ihnen guttun und welchen Duft Sie mögen. Denn gerade der Duft trägt wesentlich zur Erholung und Entspannung bei. Variieren und Abwandeln ist dabei möglich. Ein warmer Duft von Orange und Zimt passt in die Winterseife, im Sommer gefällt Ihnen vielleicht das kühlende, ätherische Öl der Minze besser.

ZUTATEN

Die meisten Zutaten finden Sie in jedem Supermarkt oder Bioladen, ein paar wenige Inhaltsstoffe wie NaOH für die Seifenherstellung können Sie in der Apotheke oder im Internet bestellen. Und die besonderen Zusatzstoffe finden Sie im Garten, im Wald oder auf der Wiese. Nadelbäume, Blätter und Blüten, Früchte und Kräuter, es gibt viele Pflanzen, die mit ihren wertvollen Inhaltsstoffen Ihre selbstgemachte Kosmetik bereichern.

ZUTATEN AUS DER NATUR

Gehen Sie bei der Herstellung von Naturkosmetik ebenso sorgfältig und sauber vor wie bei der Herstellung von Nahrungsmitteln. Sammeln Sie nur im Biogarten und an entlegenen Plätzen fern von befahrenen Straßen. Versuchen Sie, unbelastete Pflanzen zu finden.

HALTBARKEIT

Die selbstgemachten Pflegeprodukte sollten Sie trocken, kühl und dunkel lagern. Kontrollieren Sie regelmäßig, ob sich Geruch, Konsistenz oder Farbe ändern. Öle halten sich, bis sie ranzig werden. Erst wenn sie beginnen, ranzig zu riechen, können Sie sie nicht mehr für kosmetische Zwecke verwenden, aber vielleicht noch einen Gartenstuhl aus Holz damit einölen. Trockene Produkte, die womöglich auch noch mit Salz oder Zucker konserviert sind, halten sich nahezu unendlich, wenn sie richtig gelagert werden. Lediglich der Duft der ätherischen Öle verflüchtigt sich und verblasst mit der Zeit. Naturseife sollte zwar ein wenig gelagert, dann aber auch verbraucht werden, die Öle in der Seife werden ebenfalls mit der Zeit ranzig. Generell gilt jedoch: Selbstgemachte Kosmetik auch benutzen und nicht im Schrank schonen, das wäre zu schade.

ARBEITSMATERIAL

Die meisten Arbeitsmaterialien finden Sie in Ihrer Küche. Messer, Mixer, Messbecher, Töpfe, Siebe und Schüsseln und einen Pürierstab. Schon kann es losgehen.

ÜBER NACHT TROCKNEN LASSEN

SO *gelingt's* SICHER

[a] AUSGEWACHSENE DOUGLASIEN haben keine Äste, die vom Boden aus erreichbar sind. Sammeln Sie abgebrochene Äste auf, z. B. nach einem Herbststurm oder nachdem viel Schnee gefallen ist und Äste unter der Schneelast abgebrochen sind.

DOUGLASIEN-BAD
für die Füße

18

NICHT NUR IN DER ERKÄLTUNGSZEIT WÄRMT EIN HEISSES FUSSBAD. DIE ÄTHERISCHEN ÖLE DER DOUGLASIE DUFTEN AROMATISCH NACH WALD MIT EINER FEINEN ORANGENNOTE.

Zutaten für 500 g

5 Äste mit Seitentrieben der Douglasienfichte (ca. 20 cm lang) [→a]

500 g Meersalz

Besonderes Werkzeug
- Mixer oder Pürierstab mit Mixaufsatz
- feines Sieb

Zeitbedarf
- 15 Minuten

So geht's

1. Zuerst zupfen Sie die Nadeln der Douglasie von den Ästen. Mit ein paar Löffeln Salz im Mixer fein zermahlen. Die Mischung mit dem restlichen Salz gut vermischen, auf ein Backblech geben und über Nacht trocknen lassen.
2. Die Mischung bis zum Verschenken dunkel lagern, dann bleibt die schöne, grüne Farbe des Salzes erhalten. An dem Tag, an dem Sie das Fußbad verschenken, die Salz-Mischung durchsieben und die groben Pflanzenreste von der Fußbad-Mischung trennen. Dann erst das Salz in ein schönes Glas füllen und verpacken.

FÜR MEHR DUFT können Sie das Fußbad mit 5 – 10 Tropfen ätherischem Öl der Douglasfichte oder ätherischem Orangen- oder Lavendelöl beduften.

QUELLER-SEIFE
mit Meersalz

19

QUELLER WÄCHST IM WATTENMEER UND LAGERT MEERSALZ AUS DEM WASSER IN SEINE BLÄTTER EIN.

Zutaten für 2 kg Seife

- 200 g frischer Queller
- 250 g Kokosöl
- 250 g festes Frittierfett
- 250 g Rapsöl
- 250 g Olivenöl
- 137 g Natriumhydroxid (NaOH)
- 335 g sehr kaltes Wasser
- 1 EL Zucker
- 500 g Meersalz
- 15 ml ätherisches Öl (z. B. Orange)

Besonderes Werkzeug

- digitale Waage
- alte Arbeitskleidung, Zeitungen
- alter Edelstahl-Kochtopf (5 Liter)
- Gummihandschuhe, Schutzbrille
- Labor-Messbecher (1 Liter)
- alter Kochlöffel aus Holz
- feinmaschiges Edelstahlsieb
- Schneebesen oder Pürierstab
- 2 leere Milchkartons (1 Längsseite wie einen Deckel abschneiden)
- Frischhaltefolie

Zeitbedarf

- 1 Stunde
- 6 – 8 Wochen reifen

So geht's

1. Zuerst den Queller trocknen, je nachdem, wie viel Wasser enthalten ist, kann das mehrere Tage dauern. Ansonsten den Queller im Backofen bei 40 °C trocknen, bis er raschelt. Trockenen Queller im Mixer fein mahlen.
2. Die Arbeitsfläche gut mit Zeitung abdecken. Fette und NaOH grammgenau abwiegen. Das Kokosfett und das Frittierfett im Topf bei mittlerer Hitze schmelzen, den Topf vom Herd nehmen und Distelöl und Olivenöl zugeben.
3. Handschuhe und Schutzbrille anziehen. Die Lauge, wenn möglich, im Freien anrühren. Wasser im Messbecher genau abmessen, NaOH vorsichtig in das Wasser rühren [→a]. Fett und Lauge müssen nun jeweils auf etwa 30 – 40 °C abkühlen. Wenn Topf und Messbecher sich von außen (!) handwarm anfühlen, ist diese Temperatur etwa erreicht.
4. Die Lauge vorsichtig durch das Sieb in das Fett gießen und mit dem Schneebesen oder dem Pürierstab vorsichtig unterrühren, es darf nichts von der Masse aus dem Topf spritzen! So lange rühren bis die Masse etwas dicker wird.
5. Zucker, gemahlenen Queller, Salz und das ätherische Öl unterrühren, bis die Rohseife etwa so dickflüssig wie Pudding ist. Die Masse vorsichtig in die Milchpackungen füllen und mit Frischhaltefolie abdecken.
6. Nach 24 Stunden sollte die Seife fest geworden sein. Handschuhe und Schutzbrille anziehen, die Seife aus der Form lösen und in Portionsstücke schneiden. Die Seife sollte nun mindestens 6 – 8 Wochen reifen.

BEI DER SEIFENHERSTELLUNG sind einige Sicherheitsregeln zu beachten. Ausführliche Anleitungen finden Sie im Internet oder in speziellen Büchern.

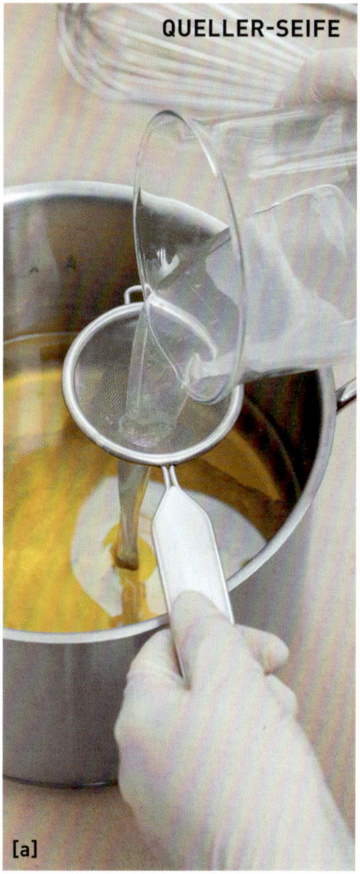

[a]

SO *gelingt's* SICHER

[a] ERST DAS WASSER in den Messbecher geben und dann das NaOH zugeben. Die giftigen Dämpfe nicht einatmen, immer Schutzkleidung tragen, die angerührte Lauge ist stark ätzend! Kleine Kinder und Haustiere dürfen während des Seifesiedens den Arbeitsraum nicht betreten. Erst dann wieder, wenn alle Gefahrenstoffe weggeräumt sind.

DER SANDDORN MUSS GANZ TROCKEN SEIN.

SO *gelingt's* SICHER

[a] DIES IST DIE EINFACHSTE Methode, um den dornigen Sanddorn zu ernten, denn wie der Name schon sagt, hat der Strauch lange und sehr spitze Dornen. Sie können natürlich auch mit Handschuhen, unempfindlicher Kleidung und Schere den wehrhaften Vitaminbomben zu Leibe rücken.

KÖRPERÖL
mit Sanddorn

20

EIN FRUCHTIGES KÖRPERÖL MIT DEM EXPERTEN IN SACHEN SCHÖNHEIT, DEM SANDDORN. ES SCHÜTZT UND STÄRKT DIE EMPFINDLICHE WINTERHAUT.

Zutaten für 500 ml

- 200 g Sanddornbeeren
- 500 ml Sonnenblumenöl oder Sesamöl

Besonderes Werkzeug

- 2 kleine Glasflaschen à 250 ml

Zeitbedarf

- ca. 3 Stunden trocknen
- 10 Minuten
- 3 Wochen ziehen lassen

So geht's

1. Die Sanddornernte beginnt schon ab September und geht bis in den November. Die Beeren sind reif, wenn sie leuchtend orange gefärbt sind. Sobald die Farbe zu verblassen beginnt, sind die Beeren zu alt. Die Äste mit den Beeren abschneiden, abbrausen und in einer Plastiktüte einfrieren. Wenn die Beeren gefroren sind, können Sie sie ganz einfach von den Ästen abschütteln [→a].
2. Die Beeren auf ein Backblech mit Backpapier legen und im Ofen bei 50 Grad trocknen lassen. Immer mal wieder die Ofentür öffnen, damit die Feuchtigkeit abziehen kann. Das Trocknen der Beeren ist recht langwierig, da diese viel Wasser enthalten. Alternativ geht es auch an einem luftigen Ort auf einem Trockenrahmen oder im Dörrgerät.
3. Die getrockneten Beeren mit dem Öl aufgießen und 3 Wochen ziehen lassen. Das Öl und die Beeren filtern, am besten mit einem Kaffeefilter, und in trockene und saubere Flaschen abfüllen.

DAS SANDDORNÖL schmeckt auch gut! Machen Sie eine vitaminreiche Vinaigrette zum Feldsalat aus dem Saft einer Orange, 3 EL Sanddornöl, 1 TL Senf, 1 TL Obstessig, Salz und Pfeffer aus der Mühle.

HEISSE STEINE

aus Flusskieseln

EINE MASSAGE MIT HEISSEN STEINEN WÄRMT UND ENTSPANNT AN DUNKLEN WINTERTAGEN.

Zutaten für ein Geschenk

5 Flusskiesel
möglichst rund und flach
etwa so groß wie die Handfläche ohne Finger

Zeitbedarf

- 1 Winterspaziergang
- 10 Minuten

So geht's

1. Machen Sie einen ausgedehnten Winterspaziergang. Suchen Sie Steine aus, die schön rund und etwas flach sind. Die passende Größe ist etwa so groß wie Ihre Handteller.
2. Die Flusskiesel gründlich säubern, abkochen und schön verpacken.

Wellness-Anwendung

Den Text können Sie sich von der Homepage des Kosmos-Verlags herunterladen (Links auf Seite 122) und dem Geschenk beilegen [→a].

1. Flusskiesel im Kochtopf mit Wasser etwa 15 Minuten kochen, damit sie die Wärme speichern.
2. Die Steine mit einem Löffel aus dem Wasser nehmen und in ein frisches Handtuch einschlagen. Die Steine müssen jetzt etwas abkühlen.
3. Die Rückenmassage: Den Rücken großzügig einölen, 2 heiße Steine nehmen (Temperatur vorher testen!) und damit in kreisenden Bewegungen über den Rücken streichen. Die Steine müssen immer in Bewegung bleiben, damit es keine Verbrennungen gibt.
4. Wenn die Steine kälter werden, gegen wärmere austauschen.
5. Am Ende der Massage alle Steine an der Wirbelsäule entlang auf den Körper legen. Vorher wieder die Temperatur testen, ansonsten ein Handtuch zwischen Steine und Rücken legen. Den Rücken mit einem Handtuch abdecken und 10–15 Minuten auf dem Rücken ruhen lassen. Entspannung pur.

TRADITIONELL werden Basaltsteine verwendet, da sie Wärme besonders gut und lange speichern.

SO *gelingt's* SICHER

[a] VERSCHENKEN SIE die Steine zusammen mit einem schönen Massageöl, wie z. B. dem Sanddornöl von Seite 80/81.

SO *gelingt's* SICHER

[a] ZIRBENKIEFERN wachsen in den Bergen Mitteleuropas in Höhen zwischen 1.400 und etwa 2.500 m. Das Holz ist weich, feinfaserig und leicht zu bearbeiten. Sammeln Sie in den Alpen einen großen, abgebrochenen Ast der Zirbenkiefer, achten Sie auch bei Forstarbeiten auf Zirben, vielleicht können Sie ein Stück vom Baum bekommen. Trocknen Sie das Holz 3 – 6 Monate an einem luftigen Ort.
[b] FÜLLEN SIE DAS KISSEN mit den Spänen, die offene Kante anschließend vernähen.

[b]

WOHLFÜHLKISSEN
mit Zirbenspänen

21

ZIRBENDUFT WIRKT BERUHIGEND UND ENTSPANNEND. SO HILFT IHNEN DIESES DUFTENDE ZIRBENKISSEN, GANZ ENTSPANNT EIN- UND DURCHZUSCHLAFEN.

Zutaten für ein Kissen

1 Stück Zirbenholz [→a]

Baumwollstoff 60 × 40 cm

Besonderes Werkzeug

- Holzhobel
- Nähmaschine
- Nähnadel
- Nähgarn

Zeitbedarf

- 1,5 Stunden

So geht's

1. Spalten Sie das Holz mit der Axt und spannen Sie es fest ein. Fassen Sie den Hobel mit beiden Händen und führen Sie die Klinge, vom Körper weg, leicht schräg über das Holz. Absetzen, den Hobel wieder körpernah am Werkstück aufsetzen und hobeln. So immer weiter fortfahren, bis genug Späne für die Kissenfüllung gehobelt sind. Es geht nicht darum, besonders schöne Späne zu erzeugen.
2. Dann wird das Kissen genäht. Den Stoff für das Kissen in der Mitte falten, sodass die rechten Stoffseiten im Format 30 × 40 cm aufeinanderliegen.
3. An den 3 offenen Seiten zusammensteppen. An der Seite gegenüber der gefalteten Seite einen ca. 15 cm langen Abschnitt nicht versteppen, sondern zum Füllen offen lassen. Die Stoffkanten einzeln versäubern.
4. Das Kissen wenden und mit den Zirbenspänen füllen [→b]. Die offene Kante aufeinander heften und schmal am Rand mit der Maschine zusammensteppen.

Für gesunden Schlaf

Eine Forschergruppe aus der Steiermark hat die entspannende Wirkung der Zirbe untersucht. Zirbenholz wirkt Puls senkend, entspannt, beruhigt und fördert dadurch den Schlaf. Dies liegt vermutlich an den ätherischen Ölen im Holz der Zirbe.

DER GERUCH DER ZIRBE **wird nach und nach schwächer, hobeln Sie die Späne deswegen frisch und erst kurz bevor Sie das Kissen verschenken. Sie können es später mit echtem ätherischen Öl der Zirbelkiefer neu beduften.**

WALDWEIHRAUCH
aus Fichten- oder Kiefernharz

22

DUFTENDES FICHTEN- ODER KIEFERNHARZ ENTFALTET BEIM RÄUCHERN EIN GANZ BESONDERES AROMA. ES BERUHIGT UND ENTSPANNT.

Zutaten für 1 Geschenk

20 g Fichten- oder Kiefernharz

Besonderes Zubehör
- Räucherschale und Räucherkohle

Zeitbedarf
- 1 Waldspaziergang

So geht's

1. Sammeln Sie im Wald altes Harz von Fichten oder Tannen. Dies erkennen Sie daran, dass es schon trocken geworden ist und nicht mehr klebt. Meist hängen kleine gelbliche oder dunkle Kügelchen an den Nadelbäumen, die Sie einfach absammeln können **[→a]**.
2. Andere Bezeichnungen für Waldweihrauch sind Fichtenharz, Nadelbaumharz, Waldrauch oder Burgunderharz. Burgunderharz ist allgemein ein Harz von Fichten, Tannen und anderen Nadelbäumen. Der heimische Waldweihrauch hat einen leicht süßen, kräftigen und waldigen Duft.

Anleitung zum Räuchern mit Räucherkohle

Den Text können Sie sich von der Homepage des Kosmos-Verlags herunterladen (Links auf Seite 122).

1. Auf den Boden der Räucherschale etwa 2 cm Sand füllen. Die Räucherkohle auf den Sand legen und entzünden, bis sie raucht. Noch ein paar Minuten glühen lassen, bis die Oberfläche wie bei Grillkohle mit weißer Asche überzogen ist. Legen Sie das Baumharz dann in die Mulde der Kohle.
2. Genießen Sie die Wirkung des Rauches und den Duft des Waldes.

VORSICHT! Beim Räuchern können sehr hohe Temperaturen entstehen. Die Räuchergefäße können sehr heiß werden. Es besteht Brandgefahr. Schutzhandschuhe und feuerfeste Unterlagen sind anzuraten. Tiere und Kinder grundsätzlich fernhalten. Falls Sie Räucherkohle verwenden, beachten Sie bitte, dass die Kohle bis zu 60 Minuten nachglühen kann.

SO *gelingt's* SICHER

[a] NADELBÄUME VERSCHLIESSEN mit Harz ihre Wunden, damit weder Dreck noch Keime in den Baum eindringen. Ist das Harz schon alt und trocken, können Sie sich recht sicher sein, dass der Spenderbaum seine Wunde schon wieder gut verschlossen hat und diese gut verheilt ist.

[a]

DEKORATIONEN

für draußen

VERSCHENKEN SIE FESTLICHE DEKORATIONEN FÜR DEN GARTEN. AUS TANNEN, FICHTEN, BLÄTTERN UND SOGAR AUS EIS KÖNNEN SIE SO SCHÖNE SACHEN MACHEN.

SCHÖNE AUSSICHTEN

machen Sie es sich gemütlich

MIT HÜBSCHER WEIHNACHTSDEKO FÜR DRAUSSEN GELINGT DAS IM HANDUMDREHEN. EISLICHTER UND SELBSTGEMACHTE TANNENDEKORATIONEN LASSEN DEN GRAUEN GARTEN ERSTRAHLEN.

AUSSENDEKO

Die Blumen sind verblüht, die Bäume haben ihre Blätter fallen gelassen. Jetzt ist alles grau. Mit unseren Dekoideen bringen Sie Licht und Farbe in den Garten, passend zur Jahreszeit. Noch schöner sind die Gartendekorationen, wenn es draußen schneit oder kräftig friert, dann sind sie von wunderbarem Raureif und gefrorenen Tautropfen überzogen.

GRÜN

Moose, immergrüne Zweige wie Ilex und Eibe sowie die grünen Zweige von Nadelbäumen und Efeu bilden in den meisten Fällen die Basis für die Weihnachtsdekorationen. Flechten Sie Girlanden aus Kiefernzweigen und Fichten und umhüllen Sie Kugeln oder auch Körbe mit Moos.

BEEREN

Beeren sind immer schön. Bei der Gartendeko können Sie auch giftige Beeren wie Pfaffenhütchen, Ilexbeeren, Liebesperlenstrauch, Schneebeeren oder Liguster verwenden. Eibensträucher sind bis auf die rote Fruchthülle um den giftigen Kern komplett giftig. Achten Sie deshalb darauf, dass keine Kinder in die Gefahr kommen können, an die Beeren zu gelangen. Auch Vögel können an die Beeren gehen und giftige Beeren auf den Boden fallen lassen, dann sollten Sie sicher sein, dass keine Kinder im Garten spielen.

Ungiftig sind die Beeren von Hagebutte und Weißdorn. Sind Kinder in der Nähe, sollten Sie lieber mit diesen Beeren dekorieren.

EIS UND SCHNEE

Wenn es so richtig schön eisig ist, können Sie mit Schnee und Eis dekorieren. Der Klassiker ist der Schneemann, der beim ersten Schneefall unbedingt gebaut werden muss und im Vorgarten jeden Besucher begrüßt, aber auch eine Laterne aus Eis oder Eisfensterbilder mit eingefrorenen Winterblüten und Blättern dekorieren den Wintergarten.

NATURSKULPTUREN

Die große Wurzel, die Sie vielleicht noch im Herbst ausgegraben haben, oder ein alter Baumstumpf: Nutzen Sie diese schönen „Abfälle“ und dekorieren Sie damit Ihren Garten. In Kombination mit Licht und Kerzen werden sie zu wahren Naturskulpturen. Auch ein Jutesack, gefüllt mit Blättern, kann den Garten ganz wunderbar verschönern.

BLÄTTERSCHMUCK
aus Herbstlaub

ZAHLREICH, FARBENFROH UND ÜBERALL ZU FINDEN: SCHÖNE HERBSTBLÄTTER ERFREUEN UNS DEN GANZEN WINTER LANG.

Zutaten für 1 Blätterschmuck

- ca. 70 bunte Herbstblätter
- Sisal-Schnur
- 1 Stöckchen 2–3 cm

Besonderes Werkzeug

- altes Telefonbuch o. Ä.
- 1–2 lange Holzspieße
- Pappkarton

Zeitbedarf

- 1 Herbstspaziergang
- 30 Minuten

So geht's

1. Schon im Herbst die bunten Herbstblätter auflesen. Sammeln Sie genügend Blätter, Sie werden mehr brauchen, als Sie vorher denken.
2. Die Blätter für ein paar Tage zwischen den Seiten eines alten Telefonbuchs o. Ä. anpressen, bis sie schon fast trocken, aber noch etwas weich und formbar sind **[→a]**.
3. Spießen Sie die Blätter in der Blattmitte mit dem Holzspieß auf und fädeln Sie eins nach dem anderen locker auf. Legen Sie den Spieß zum Durchtrocknen der Blätter zwischen die Ränder eines passenden Pappkartons, damit sie luftig hängen und trocknen und dabei nicht anfangen zu schimmeln.
4. Knoten Sie das kleine Stöckchen an das Ende des Sisalfadens und fädeln Sie die trockenen Blätter auf die Schnur, bis sich ein voller Ball ergibt. Der Blätterschmuck ist eine tolle Außendeko, wenn es schneit, aber auch den kompletten Winter über.

Die Variante

Blätterkranz
Wenn Sie mehr Blätter haben, dann fädeln Sie diese auf einen etwas dickeren Draht und binden ihn hinterher zum Kranz. Mit einer dicken Schleife verziert, passt diese Winterdeko an die Haustür oder das Fenster.

IM FRÜHLING kommt der Blätterschmuck dann einfach auf den Kompost.

SO *gelingt's* SICHER

[a] WENN DIE BLÄTTER zu lange gepresst werden, sind sie hinterher zu glatt und dünn und brechen zu schnell beim Durchbohren. Die Blätter sollen offen noch etwas nachtrocknen und eine leicht wellige Optik bekommen.

SO *gelingt's* SICHER

[a] ACHTUNG, vor dem Arbeiten mit der Kettensäge Schutzkleidung anziehen. Bitte machen Sie vor der ersten Benutzung der Kettensäge einen Motorsägenführerschein.

[b] NACH DEM SCHNEIDEN erst einmal abwarten, wenn das Holz noch ein wenig feucht ist, zieht es sich beim Trocknen etwas auseinander und das Kreuz öffnet sich ein wenig von alleine.

SCHWEDENFEUER
aus Restholz

FEUER BRINGT WÄRME: AUCH AUS FRISCHEM HOLZ GEMACHT, BRENNT DAS SCHWEDENFEUER OHNE VIELE HILFSMITTEL.

Zutaten für 1 Schwedenfeuer

1 Stück Baumstamm ohne Äste
20 – 30 cm ø
Höhe 30 – 90 cm (nach Belieben)

Öko-Grillanzünder

Besonderes Werkzeug
- Kettensäge
- Schutzkleidung
- evtl. Stemmeisen

Zeitbedarf
- 20 Minuten

So geht's

1. Der Baumstamm kann aus dem eigenen Garten sein oder Sie fragen bei Baumfällarbeiten im Wald, ob Sie ein passendes Stück Baum mitnehmen dürfen.
2. Den Baumstamm fest aufstellen. Mit der Motorsäge in 2 Schnitten von oben nach unten ein Kreuz in den Stamm sägen **[→a]**. Die unteren 10 cm des Holzes nicht einsägen, sondern als Sockel stehen lassen. Dickere Stämme können Sie auch 3 oder 4mal gekreuzt einschneiden.
3. Mit dem Stemmeisen eine kleine Mulde in das obere Kreuz schneiden **[→b]**.
4. Den Grillanzünder in den Schnitt drücken, verpacken und verschenken.

SICHERHEITSHINWEIS! Das Schwedenfeuer soll sicher stehen. Stellen Sie es auf einem feuerfesten Untergrund auf. Achten Sie darauf, dass im Umkreis von 2 m um die Fackel herum nichts Brennbares liegt.

WEICHE WINTERKUGEL
aus Moos

ES GIBT SO VIELE VERSCHIEDENE HÜBSCHE MOOSE, MACHEN SIE GLEICH MEHRERE KUGELN AUS UNTERSCHIEDLICHEN ARTEN.

Zutaten für 1 Kugel

- Zeitung oder altes Papier
- Moos
- Kupferdraht

Besonderes Werkzeug

- Zange oder Seitenschneider

Zeitbedarf

- 30 Minuten

So geht's

1. Zuerst eine Kugel als Basis von etwa 10 – 15 cm ø aus dem Zeitungspapier knüllen und ganz leicht mit etwas Draht umwickeln.
2. Ein Stück Moos auflegen und den Draht um das Moos und die Zeitungskugel wickeln. Ein weiteres Stück Moos auflegen, wieder umwickeln und so weiter, bis die ganze Papierkugel mit Moos bedeckt und nicht mehr zu sehen ist.
3. Den Draht dekorativ weiter und oft um die Kugel wickeln und die Kugel dabei immer etwas drehen. Je nachdem, wie hoch das Moos ist, ist der Draht besser oder schlechter zu sehen.
4. Den Draht in sich selbst verknoten, abschneiden und das Drahtende im Moos verstecken.

DEKORIEREN SIE MEHRERE KUGELN ZUSAMMEN oder ergänzen Sie eine einzelne Kugel mit einer schönen, dicken Kerze. Hierzu einen dicken Draht in eine Kerze stecken und sie dann mit dem Draht fest in die Mooskugel stecken.

SPARSAM DEKORIERTER CHRISTBAUM-SCHMUCK ALS BLICKFANG

so *gelingt's* sicher

[a] BITTE ERNTEN SIE in der Natur immer nur so viele Samen, wie Sie benötigen. Nur dann können Sie die schönen Blüten auch weiterhin dort bewundern.

[b] GERNE können Sie sich eine Vorlage auf der Homepage des Kosmos-Verlags herunterladen (Links auf Seite 122).

SAMENBRIEFCHEN

mit Blumen- und Kräutersamen

23

SAMMELN SIE IM SOMMER UND HERBST DIE SAMEN VON DEN SCHÖNSTEN BLUMEN AUS IHREM GARTEN ODER VON FELD UND WIESE.

Zutaten für 5 Samenbriefchen

- Je 1 TL gesammelte Blumen- und Kräutersamen z. B.: Veilchen, Kornblume, Mohn, Glockenblume, Johanniskraut, Klatschnelke, Malve, Ringelblume, Primel, Bärlauch, Akelei, Dill
- Buntes Papier/Geschenkpapier
- schöne Zeitschriften-Seiten
- Masking Tape oder Klebeband

Besonderes Werkzeug

- Schere
- Stifte
- Lineal
- Papierkleber
- Stempel

Zeitbedarf

- 30 Minuten

So geht's

1. Merken Sie sich zur Blütezeit die Standorte der Blumen oder Kräuter, deren Samen Sie später gerne ernten wollen. Sobald die Blumen verblüht sind, ist es manchmal gar nicht so leicht, ihren Platz wiederzufinden.
2. Wenn die Samenkapseln trocken aussehen und rascheln, können Sie mit der Samenernte beginnen [→a].
3. Bei den meisten Blüten schütten Sie die Samen einfach aus, andere haben eine Samenhülle, die erst entfernt werden muss. Achten Sie bei Wind darauf, dass die Samen beim Ernten nicht aus ihren Hüllen geweht werden.
4. Verwenden Sie für die Samentütchen schönes oder dekoratives Papier aus Zeitschriften oder Katalogen.
5. Für die Tütchen nehmen Sie sich eine fertige, kleine Tüte oder einen Umschlag als Vorlage. Vorsichtig an den Klebestellen öffnen. Legen Sie das Schnittmuster auf Ihr Papier und zeichnen die Umrisse ab. Dann ausschneiden, falten und zusammenkleben [→b]. Lassen Sie den Kleber gut trocknen.
6. Je nachdem, wie Sie die Briefchen gestalten wollen, können Sie sie jetzt noch weiter bekleben und verzieren. Außerdem die Briefchen mit den Pflanzennamen beschriften.
7. Dann die Samen einfüllen und die Umschläge zusammenfalten und mit Masking Tape oder Klebeband verschließen.

GLÄNZENDES EISLICHT
für frostige Abende

IST ES DRAUSSEN EISIG, KANN DAS EISLICHT GANZ VON ALLEINE FRIEREN, ANSONSTEN NEHMEN SIE EINFACH IHREN GEFRIERSCHRANK ZUR HILFE.

Zutaten für ein Eislicht

2 Gefäße, gleiche Form aber unterschiedlich groß (Glas, Porzellan oder Plastik)

1–5 Kieselsteine

Besonderes Werkzeug

- Malerkrepp

Zeitbedarf

- 10 Minuten

So geht's

1. Füllen Sie die größere Schale mit Wasser und stellen Sie die kleinere Form dort hinein. Die innere Schüssel wird mit Kieselsteinen etwas beschwert, damit sie nicht auf dem Wasser schwimmt und sich später eine kleine Ausbuchtung für die Kerze ergibt.
2. Die kleine Schüssel mit dem Malerkrepp in der Mitte der größeren Schale möglichst fest fixieren. Das geht am besten, wenn Sie das Klebeband über Kreuz auf die Schalen kleben.
3. Die Schüsseln nun so nach draußen stellen und 24 Stunden frieren lassen. Alternativ kann das Eis auch im Gefrierschrank frieren.
4. Wenn alles gefroren ist, zuerst die innere Schale mit warmem Wasser füllen, 2 Minuten warten und herauslösen, dann die äußere Schale in warmes Wasser stellen, kurz warten und ablösen. Bis zum Verschenken bei unter 0 °C draußen, ansonsten im Tiefkühlfach aufbewahren [→a].

Die Variante

Naturdekoration
Mit Beeren, Blättern, Zapfen oder Winterblüten können Sie die Eislichter dekorieren. Legen Sie die Naturmaterialien vor dem Frieren mit ins Wasser und verklemmen diese womöglich zwischen den beiden Formschalen, damit die Einlage nicht oben schwimmt. Beim Gefrieren werden die Pflanzenteile dann wunderschön konserviert und die Lichter farbenfroher.

SO *gelingt's* SICHER

[a] ACHTEN SIE beim Aufbewahren auf die Außentemperatur. Sobald es wärmer wird, sollte das Eislicht ins Tiefkühlfach umziehen.

DAS GRÜN FEST UMWICKELN

SO *gelingt's* SICHER

[a] KUPFERDRAHT bildet einen tollen Kontrast zum Tannengrün. Nehmen Sie keinen grünen Basteldraht, sondern lieber schwarzen. Der grüne Draht leuchtet unangenehm zwischen dem Fichtengrün hervor.

TANNENSTERN
aus Fichtengrün

BINDEN SIE AUS FICHTENGRÜN EINEN STERN – EINE KLASSISCHE, ABER IMMER SCHÖNE, NATÜRLICHE DEKORATION.

Zutaten für 1 Stern

- 6 gerade Holzäste (ca. 20 – 25 cm)
- dünner Basteldraht (schwarz oder Kupfer)
- Fichtengrün
- Schleifenband
- kleine Zapfen von Erle oder Lärche

Besonderes Werkzeug
- Zange

Zeitbedarf
- 20 Minuten

So geht's

1. Legen Sie jeweils 3 Äste zu einem Dreieck und verbinden Sie die Ecken mit etwas Draht. Legen Sie dann die beiden Dreiecke übereinander zu einem Stern und verbinden Sie diese an den Überschneidungspunkten ebenfalls mit Draht **[→a]**.
2. Dann wird das Fichtengrün um das Gerüst aus Ästen gewickelt. Nehmen Sie immer 1 bis 2 Fichtenäste, legen diese auf den Stern und wickeln Sie den Draht um das Grün. So fortfahren, bis das ganze Gerüst grün umwickelt und nicht mehr zu sehen ist.
3. Knoten Sie als Aufhänger eine dekorative Schleife an eine Spitze und dekorieren Sie den Stern nach Belieben mit kleinen Zapfen oder anderen Naturfundstücken.

EINE LICHTERKETTE, um den Stern gewickelt, lässt ihn auch im Dunklen erstrahlen.

GESCHENKE

für Tiere in der Natur

WENN ES DRAUSSEN SO RICHTIG FROSTIG IST UND GARTEN UND WALD UNTER EINER DICKEN SCHNEEDECKE VERSCHWINDEN, FREUEN SICH DIE TIERE DRAUSSEN ÜBER EINEN TROCKENEN RÜCKZUGSORT UND ETWAS FUTTER.

WILDE GARTENBEWOHNER

sinnvoll unterstützen

HELFEN SIE DEN TIEREN IM GARTEN DURCH DIE KALTE UND NAHRUNGSARME WINTERZEIT ODER BEREITEN SIE BEREITS JETZT ANGEBOTE FÜR DEN NÄCHSTEN FRÜHLING VOR.

Es gibt immer weniger Pflanzen in den Gärten, die den heimischen Vögeln als Rückzugsort und Nahrungsquelle dienen können. Achten Sie darauf, Ihren Garten tierfreundlich zu gestalten. Lassen Sie im Herbst das Laub liegen, pflanzen Sie heimische und laubwerfende Sträucher, die Früchte tragen, und spritzen Sie in Ihrem eigenen Garten kein Gift. Wenn Sie Nützlinge fördern und Vögeln ein gutes Zuhause bieten, wird so manche Raupe von den Gartenvögeln verspeist werden.

GARTENPFLEGE

Manchmal ist weniger mehr. Ein sehr aufgeräumter Garten bietet Tieren wenige Möglichkeiten, um sich bei Kälte zu verkriechen oder sich vor Feinden zu verstecken. Lassen Sie das Laub im Herbst liegen oder fegen Sie es vor dem Winter zu einem großen Haufen zusammen, der im Garten liegen bleiben kann. So finden Tiere einen Unterschlupf. Alte Obstbäume mit Hohlstellen bieten dem Steinkauz Unterschlupf, Schwalben freuen sich über Lehmpfützen und so mancher Vogel findet einen Nistplatz in einer dornigen Schlehe.

NISTHILFEN

Bieten Sie Vögeln und Fledermäusen mit Nisthilfen die Möglichkeit, in Ihrem Garten zu nisten. Mauersegler, Dohlen und Schwalben freuen sich darüber ebenso wie Meisen und Hausrotschwänze. Achten Sie darauf, dass Vogelhäuser nicht für Katzen zugänglich sind. Ende September alle Nisthilfen ausfegen und reinigen, damit die Tiere im nächsten Frühjahr wieder ohne Milben, Flöhe oder ähnliches Getier brüten können.

FUTTER FÜR VÖGEL

Es gibt Weichfutterfresser, Körnerfresser und Allesfresser.

- *Weichfutterfresser* wie Zaunkönig und Rotkehlchen verbringen den Winter hier bei uns. Sie sind an der Futterstelle zurückhaltend und suchen lieber in Bodennähe nach Essbarem. Zu ihren Leibspeisen zählen fettgetränkte Haferflocken und kleinere Samen wie Hirse und Mohn.
- *Körnerfresser* wie Sperling und Fink bevorzugen Körner, die geknackt werden müssen, wie z. B. Sonnenblumenkerne aus eigener Ernte. Der Stieglitz wiederum zieht kleine Samen wie Leinsamen und Hanf vor. Eine hoch hängende Futterstelle ist ideal.
- *Allesfresser* wie Stare oder Amseln haben kräftige Schnäbel und Mägen und können manchmal sogar ganze Maiskörner verputzen.

SO *gelingt's* SICHER

[a] JE NACHDEM, WELCHE FORM das Holz hat, können manche Bohrlöcher erst befüllt werden, wenn das Fett in den anderen bereits abgekühlt ist. Das erfordert etwas Geduld. Schneller geht es, wenn Sie das Holz für kurze Zeit nach dem Füllen nach draußen an die kalte Luft legen.

SNACKBAR
mit Vogelfutter

DIESE FUTTERBAR IST IDEAL FÜR ALLE VOGELARTEN, DIE IHR FUTTER GERNE IN BODENNÄHE SUCHEN, WIE Z. B. ROTKEHLCHEN UND AMSELN.

Zutaten für 1 Snackbar

1 Stück Fundholz

100 g getrocknete Früchte/Samen wie Brombeeren, Hagebutten, Wildapfel, Ilexbeeren, Mohn und Johannisbeeren

200 g Kokosfett

Besonderes Werkzeug
- Bohrmaschine mit Topfbohrer
- Kochtopf
- Zeitung zum Unterlegen

Zeitbedarf
- 1 Stunde

So geht's

1. Bohren Sie mit dem Topfbohrer mehrere 3–4 cm tiefe Löcher in das Fundholz. Die Standfläche bekommt natürlich keine Bohrlöcher. Die Früchte grob zerkleinern. Sehr große Früchte kleinschneiden und hacken. Beeren und Mohn können bleiben, wie sie sind.
2. Das Kokosfett bei mittlerer Hitze auf dem Herd langsam schmelzen. Jeweils Sorte für Sorte das Vogelfutter in je 1 Bohrloch füllen und mit Kokosfett ausgießen. Wenn das Fett langsam wieder abkühlt, wird es mit den Früchten und Saaten zusammen fest **[→a]**. Dann das nächste Loch mit einer anderen Sorte Futter füllen, mit Fett ausgießen und so weiter.

STELLEN SIE DIE SNACKBAR an einem schattigen Platz auf. An sonnigen Tagen kann das Fett auch im Winter schmelzen.

EIN WINTERDOMIZIL *für den Igel*

BAUEN SIE EINEN UNTERSCHLUPF FÜR IGEL. ER KANN AN EINEM VERSTECKTEN PLÄTZCHEN IN JEDEM GARTEN AUFGESTELLT WERDEN.

Zutaten für 1 Haus

- Fichtenholz oder Buchenbretter, 2 cm dick
- 2 Seitenwände 26 × 30 cm [→a]
- Vorderwand 26 × 40 cm
- Rückwand 24 × 40 cm
- Holzschrauben
- Zwischenwand 24 × 20 cm
- Dach 32 × 42 cm
- Dachpappe 36 × 46 cm
- Nägel
- 2 Holzleisten 2 × 15 cm
- evtl. Farbe auf Leinölbasis wie „Schwedenrot"
- Metallwinkel

Besonderes Werkzeug

- Holzsäge
- Akkuschrauber

Zeitbedarf

- 1 – 1,5 Stunden

So geht's

1. Lassen Sie sich die einzelnen Holzstücke im Baumarkt zusägen.
2. Zuerst wird in die Vorderwand ein Schlupfloch von 10 × 10 cm geschnitten. Das Loch ganz links oder ganz rechts unten in das Brett schneiden.
3. Dann die Seitenwände mit Vorder- und Rückwand verschrauben. Die höheren Seiten der Seitenwände (26 cm) zeigen dabei zur Vorderwand, die kürzeren Seiten (24 cm) nach vorne zur Rückwand mit Schlupfloch.
4. Dann die Zwischenwand mit Metallwinkeln an der Vorderseite, direkt neben dem Schlupfloch befestigen. Sie ragt 20 cm in das Igelhaus hinein [→b].
5. Das Dach mit Dachpappe verkleiden, indem Sie diese um die Dachkanten ziehen und festnageln. Innen mittig 2 Holzleisten jeweils 7,5 cm von der Dachvorderkante sowie der hinteren Dachkante anschrauben, damit das Dach nicht abrutschen kann.
6. Wer möchte, kann das Igelhaus noch mit einer umweltfreundlichen Farbe anstreichen.

Anwendung

Stellen Sie das Igelhaus an einem geschützten und ruhigen Platz im Garten auf, am besten auf einer großen Steinplatte. Legen Sie Nistmaterial wie trockenes Laub, Stroh oder Holzwolle in das Haus. Nach dem Winterschlaf und vor der Wurfzeit (Ende Mai) sollten Sie das Igelhaus gründlich reinigen. Die Steinplatte mit Wasser und Bürste gründlich säubern. Nach dem Trocknen das Haus mit frischem Nistmaterial auffüllen.

DIE BAUANLEITUNG **mit Zeichnung können Sie sich auf auf der Homepage des Kosmos-Verlags herunterladen** **(Links auf Seite 122).**

SO *gelingt's* SICHER

[a] SCHRÄGEN SIE die Seitenwände ab. An der kürzeren Seite 24 cm abmessen und markieren. Diesen Punkt mit der anderen kurzen Seite mittels einer Bleistiftlinie verbinden und absägen.

[b] DIE ZWISCHENWAND dient als Schutz vor anderen Tieren wie Hunden oder Katzen. Der Igel kann sich ungestört in die hinterste Ecke des Hauses zurückziehen.

SO *gelingt's* SICHER

[b] BOHREN SIE unterschiedlich dicke Löcher in die Vorderseite, aber nicht komplett durchbohren, damit die Rückwand geschlossen bleibt.

INSEKTENDORF *aus Treibholz*

FÜR NÜTZLINGE UND INSEKTEN BAUEN WIR GLEICH EIN GANZES DORF. JE NACHDEM, WIE VIEL HOLZ ES GIBT, KANN DAS DORF GRÖSSER ODER KLEINER WERDEN.

Zutaten für 3 Häuser

Treibholz
3 Eisenstäbe 4–6 mm ø, 1 m lang

Besonderes Werkzeug
- Säge
- Bohrmaschine
- verschiedene Holzbohrer (3–10 mm ø)

Zeitbedarf
- 1 Stunde

So geht's

1. Suchen Sie beim Spazieren am Meer oder an Flüssen nach einem eckigen Stück Treibholz. Am besten geht das nach der Flut oder Hochwasser [→a].
2. Ihr weiteres Vorgehen richtet sich nach der Form des Treibholzes, das Sie gefunden haben. Entweder müssen Sie Ihr Fundholz von der Form her anpassen, oder es gibt ein langes Stück, von dem Sie 10–15 cm dicke Scheiben absägen. Versuchen Sie mit wenigen weiteren Schnitten eine grobe Hausform zu sägen. Am schönsten ist es, wenn eine oder mehrere Seiten noch die Treibholz-Struktur beibehalten. Die Häuser sollen etwa 10–20 cm groß sein.
3. Mit den Holzbohrern bohren Sie dann unterschiedlich dicke Löcher in die Vorderseite der Häuser. Bohren Sie das Holz nicht komplett durch, sondern lassen Sie die Rückseite des Hauses geschlossen [→b].
4. In die Unterseite der Häuschen bohren Sie jeweils ein Loch mit dem Durchmesser der Eisenstangen. Stecken Sie jeweils eine hinein.

DER IDEALE STANDORT für das Insektendorf ist geschützt vor Regen an einem sonnigen Platz.

EIN NISTKASTEN *für Vögel*

ES GIBT NICHT MEHR AUSREICHEND NISTPLÄTZE FÜR VÖGEL, DESHALB IST DIESES GESCHENK NICHT NUR FÜR GARTENBESITZER, SONDERN AUCH FÜR DIE VÖGEL SELBST.

Zutaten für 1 Haus

- 18 mm dickes Holz (Kiefer, Fichte, Tanne) (Maße siehe Bild)
- 23 Schrauben, rostfrei
- Baumrinde
- Haken

Besonderes Werkzeug

- Bleistift
- Holzsäge
- Bohrmaschine
- 1 Holzbohrer, 8mm
- 1 Topfbohrer [→a]
- Aufhängung
- Hammer
- Zollstock

Zeitbedarf

- 1 Stunde

So geht's

1. Die Einzelteile mit den angegebenen Maßen im Baumarkt zuschneiden lassen.
2. Für die abgeschrägten Seitenwände an je einer langen Seite 25 cm abmessen, mit dem Lineal eine Linie zu der gegenüberliegenden langen Seite ziehen, anzeichnen und mit der Holzsäge absägen.
3. In den Boden mit dem Holzbohrer 2 Löcher bohren, damit später Feuchtigkeit aus dem Kasten abfließen kann. Je nachdem, welche Vögel einziehen sollen, auf ca. 5 cm Höhe in die Vorderwand mit dem Topfbohrer das Einflugloch bohren [→a]. Die Innenseite mit einer Feile anrauen, dann kommen die Vögel besser aus dem Kasten heraus.
4. Zuerst die Bodenplatte an die Rückwand schrauben. Dann die Seitenteile an Rückwand und Bodenplatte befestigen und die Vorderwand einfügen. Zuletzt das Dach aufsetzen und festschrauben.
5. Die Baumrinde, falls nötig, mit der Säge in die richtige Größe bringen und auf dem Dach festschrauben. Die Vorderwand unten entweder mit einer Schraube oder mit 2 seitlichen Haken befestigen [→b].
6. An der Rückseite des Vogelhauses einen ausreichend großen Haken für die Aufhängung anbringen.

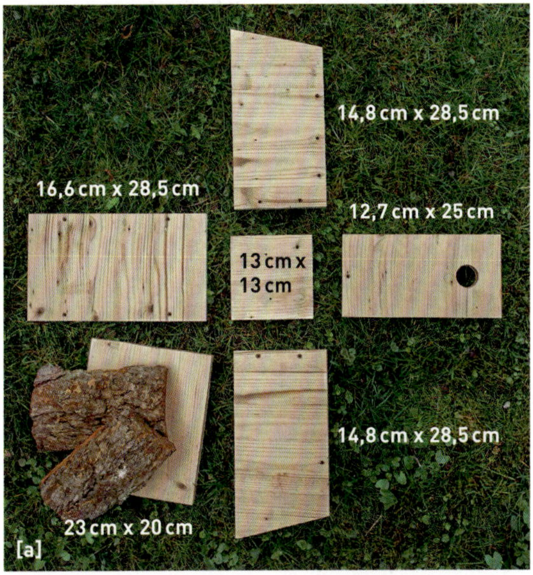

[a]

SO *gelingt's* SICHER

[a] JE NACHDEM, WELCHER VOGEL in das Haus einziehen soll, müssen auch das Einflugloch und somit der Topfbohrer die richtige Größe haben: 26 – 28 mm für Blaumeisen, 32 mm für Kohlmeise und Kleiber, 35 mm für Schnäpper und Sperling. **[b] SIE SOLLTEN DAS VOGELHAUS** immer im Spätsommer säubern. Mit einem Handfeger ausfegen reicht. Keine Insektizide oder Reinigungsmittel zum Säubern verwenden!

[a]

SO *gelingt's* SICHER

[a] GEBEN SIE die Futtermischung erst dann zum Fett, wenn es vollständig flüssig ist. So lassen sich Fett und Futter besser und gleichmäßiger miteinander mischen.

VOGELFUTTER
in luftiger Höhe

24

IST DIE SCHNECKE AUSGEZOGEN, WERDEN DIE SCHNECKENHÄUSER ZU NIEDLICHEN VOGELFUTTERBEHÄLTERN.

Zutaten für 1 Schneckenkette

- 4 leere Schneckenhäuser
- langer Nagel
- 3 m Hanf-Schnur
- 4 Astscheiben, ca. 2 cm ø
- 100 g gemischte, getrocknete Früchte und Nüsse wie Brombeeren, Hagebutten, Wildapfel, Bucheckern, Sonnenblumenkerne, Haselnüsse
- 100 g Kokosfett

Besonderes Werkzeug

- Kochtopf
- Zeitung zum Unterlegen

Zeitbedarf

- 1 Stunde

So geht's

1. Die Schneckenhäuser mit dem Nagel von der Spitze zur Öffnung durchbohren. Die Astscheiben ebenfalls in der Mitte durchbohren. Die Hanf-Schnur von oben nach unten durchziehen. Nach oben, zum Festbinden, etwa 0,5 m Schnur stehen lassen und ans Ende eine Schlaufe binden. Oberhalb und unterhalb des Schneckenhauses einen Knoten machen.
2. Eine Astscheibe unterhalb des Hauses auffädeln und mit einem Knoten in der Schnur ca. 7 cm unterhalb des Hauses fixieren. Nacheinander jeweils ein Haus, dann eine Astscheibe auffädeln und mit einem Knoten unterhalb befestigen. Die Schnur unter der letzten Baumscheibe abschneiden.
3. Früchte und Nüsse evtl. zerkleinern und mischen. Das Kokosfett bei mittlerer Hitze auf dem Herd langsam schmelzen. Die Wildfruchtmischung in das flüssige Fett geben und gut miteinander vermischen [→a]. Das Futter etwas abkühlen lassen und warten, bis das Fett nicht mehr ganz flüssig ist.
4. Mit einem Teelöffel in die Schneckenhäuser füllen und ganz abkühlen lassen.

Die Variante

Baumscheibe mit Vogelfutter
Bereiten Sie das Vogelfutter wie in der Anleitung beschrieben zu. Lassen Sie die Mischung ebenfalls abkühlen, bis das Fett etwas zähflüssig wird. Befestigen Sie eine Schnur oder Schleife als Aufhängung an einer ausgehöhlten Baumscheibe und legen Sie diese flach auf etwas Alufolie. Krempeln Sie die überstehende Alufolie als Auslaufschutz etwas hoch. Füllen Sie die Futtermasse in die Baumscheibe. Lassen Sie alles abkühlen und fest werden. Fertig!

NEHMEN SIE SICH EIN VOGELBESTIMMUNGSBUCH und schauen Sie, welche Vögel sich an Ihrem Futter bedienen. Es ist immer wieder spannend zu sehen, welche Arten es im eigenen Garten zu entdecken gibt.

FESTTAGE *im Dezember*

ES GEHT FEIERLICH ZU IN DIESEM MONAT. SEHEN SIE SELBST, ZU WELCHEN TAGEN ES SICH ANBIETET, MIT ETWAS SELBSTGEMACHTEM FREUDE ZU BEREITEN.

4. DEZEMBER: BARBARATAG
Der 4. Dezember ist Tag der Heiligen Barbara. Barbara wurde von ihrem Vater in einem Turm eingesperrt, damit sie unverheiratet bliebe. Sie ließ sich christlich taufen, wurde deshalb von ihrem Vater getötet und später heiliggesprochen. Der Legende nach blieb Barbara auf dem Weg ins Gefängnis mit ihrem Gewand an einem Zweig hängen. Sie stellte den abgebrochenen Zweig in ein Gefäß mit Wasser und dieser blühte an dem Tag auf, an welchem sie zum Tode verurteilt wurde. Am 4. Dezember werden traditionell Zweige vom Kirschbaum geschnitten (vgl. Seite 58/59). Mit etwas Glück blühen sie am 24. Dezember.

6. DEZEMBER: NIKOLAUS
Der Heilige Nikolaus war Bischof und lebte im 11. Jahrhundert in der heutigen Türkei. Viele Erzählungen berichten von einem gütigen, helfenden und sehr kinderfreundlichen Menschen. Es basiert jedoch auf einer Legende, dass er in der Nacht auf den 6. Dezember Geschenke in die Schuhe der Kinder steckte. Traditionell werden um Nikolaus herum die ersten Lebkuchen gebacken und an Weihnachten gegessen. Außerdem werden aus Hefeteig Männchen gebacken, die in jeder Region einen anderen Namen haben, z. B. Weckmänner oder Stutenkerle.

13. DEZEMBER: HEILIGE LUCIA
Das Fest der heiligen Lucia ist ursprünglich ein Lichterfest. Der Legende nach brachte Lucia verfolgten Christen Lebensmittel in ihr Versteck. Um alle Speisen tragen zu können und den Weg in der Dunkelheit zu finden, trug sie einen Lichterkranz auf dem Kopf. Die Skandinavier feiern das Fest der Lichterkönigin mit süßem Safran-Hefegebäck. Die Kroaten säen Weizen aus, der bis Weihnachten wächst und als Symbol für neues Leben und Hoffnung steht. In Süddeutschland setzen die Bewohner einiger Städte kleine, leuchtende Lucienhäuschen aus Pappe in den Fluss. Sie sollen vor Hochwasser schützen.

21. DEZEMBER: WINTERSONNENWENDE
An diesem Tag stellten die Menschen früher große Schalen mit Obst und Nüssen auf, in der Hoffnung, im nächsten Jahr wieder reichlich ernten zu können. Die Wintersonnenwende ist der kürzeste Tag des Jahres, nun werden die Tage wieder länger.

24. – 26. DEZEMBER: WEIHNACHTEN
Weihnachten beginnt am Heiligen Abend, dem 24. Dezember und endet am 26. Dezember. In christlichen Ländern wird es als Familienfest mit Geschenken gefeiert.

KLEINE GESCHENKE
für den Adventskalender

SO KÖNNTE IHR SELBSTGEMACHTER ADVENTSKALENDER AUSSEHEN. BENUTZEN SIE DAFÜR GEGEBENENFALLS KLEINERE GLÄSER, FLASCHEN ODER BEHÄLTER UND PASSEN SIE DIE MENGEN ENTSPRECHEND AN.

4 Schlehensirup **20**

5 Holunderlikör **22**

6 Chutney **26**

10 Berberitze **38**

11 Pflaumenmus **40**

12 Filzeicheln **50**

16 Kleiderhaken **68**

17 Holzknöpfe **70**

18 Douglasien-Bad **76**

22 Waldweihrauch **86**

23 Samenbriefchen **98**

24 Vogelfutter **116**

MEINE BUCHTIPPS *für Naturfreunde*

NATURFÜHRER

Wer wie ich gerne in der Natur unterwegs ist und dabei das eine oder andere zum Basteln oder Verzehren mit nach Hause nehmen will, der sollte sich schon ein bisschen auskennen. Diese Bücher helfen mir dabei, Pflanzen, Pilze und Früchte richtig zu bestimmen:

Beiser: **Unsere essbaren Wildpflanzen.** Bestimmen, sammeln und zubereiten. 280 Seiten. Kosmos 2014

Langer: **Ab in die Pilze.** Bestimmen, sammeln und zubereiten. 96 Seiten. Kosmos 2015

Spohn: **Was blüht denn da?** Der Fotoband. Mit 550 Arten und 1000 Abbildungen. Extra: 40 Nutzpflanzen und die wichtigsten essbaren Pflanzen. 448 Seiten. Kosmos 2015

Spohn: **Welcher Baum ist das?** Park und Garten. 120 Arten einfach bestimmen. 128 Seiten. Kosmos 2013

Strauß: **Gartenvögel lebensgroß.** 112 Seiten. Kosmos 2015

NATUR ERLEBEN

Die Natur ist für mich ein ganz besonderer Ort, an dem ich sowohl Entspannung als auch Anregung finde. Man kann so viel erleben, wenn man nur genau hinsieht. Um noch mehr zu entdecken, lasse ich mich gerne von diesen Büchern leiten:

Bienefeld: **Imkern Schritt für Schritt.** Für Einsteiger und Jungimker. 96 Seiten. Kosmos 2005

Faller: **Insektenhotels.** Einfach selbst gemacht. 64 Seiten. Kosmos 2015

Neumeier: **Igel im Garten.** Helfen, pflegen, beobachten. 80 Seiten. Kosmos 2014

Oftring: **Natur entdecken in der Stadt.** 99 Tipps fürs ganze Jahr. 96 Seiten. Kosmos 2015

Richarz: **Natur erleben rund ums Haus.** 160 Seiten. Kosmos 2013

Thiel: **Natur & Kinder.** Die besten Ideen für kleine und große Naturentdecker. 160 Seiten. Kosmos 2014

SCHENKEN UND GENIESSEN

Die Natur inspiriert mich immer wieder neu und ich probiere gerne aus. Vom kleinen Geschenke über verführerische Wohlfühl-Produkte bis hin zu kulinarischen Überraschungen find ich hier viele Anregungen, die sich ganz einfach umsetzen lassen:

Bentzien/Salata: **Selbst gemacht aus Honig, Wachs & Co.** 128 Seiten. Kosmos 2015

Fuchs: **Räuchern mit heimischen Pflanzen.** Sammeln, mischen, anwenden. 96 Seiten. Kosmos 2011

Hess: **Pilze und Waldbeeren.** Regionaler Genuss – die gute Wahl. 144 Seiten. Kosmos 2011

Krasemann: **Geschenke aus meinem Garten.** 144 Seiten. Kosmos 2012

Rogge: **Herbst- und Wintergemüse.** Wohlfühlrezepte für kalte Tage. 144 Seiten. Kosmos 2012

Rogge, **Geschenke aus der Natur.** 144 Seiten. Kosmos 2013

LINKS ZUM WINTERZAUBER-BUCH **Unter den folgenden Links finden Sie die im Text erwähnten pdfs zum Download:**

S. 16: **www.kosmos.de\Wildschwein**
S. 86: **www.kosmos.de\AnleitungRaeuchern**
S. 110: **www.kosmos.de\AufrissIgelhaus**
S. 82: **www.kosmos.de\AnwendungHeisseSteine**
S. 99: **www.kosmos.de\Samenbriefchen**

ADRESSEN *und Bezugsquellen*

BESONDERE MATERIALIEN

Gläser und Flaschen

Gläser und Flaschen GmbH
Altonaer Straße 84–90
13581 Berlin
Telefon: 030/33778833
www.glaeserundflaschen.de
info@glaeserundflaschen.de

J. Weck GmbH u. Co. KG
Wehratalstraße 3
79664 Wehr-Öflingen
Telefon: 07761/9350
www.weck.de
info@weck.de

Fleißiges Lieschen/Küchenhelfer

GEFU Küchenboss GmbH & Co. KG
Braukweg 28
59889 Eslohe
Telefon: 02973/97130
www.gefu.com
info@gefu.com

Gewürze

Heuschrecke Naturkost GmbH
Redcarstraße 50a
53842 Troisdorf-Spich
Telefon: 02241/39726-0
www.heuschrecke.com
bio@heuschrecke.com

Karte mit Pflanzenstandorten

Mundraub
info@mundraub.org
www.mundraub.org

Kosmetik-Rohstoffe und Ätherische Öle

behawe
Zum Sporkfeld 48
33397 Rietberg
Telefon: 05244/700950
www.behawe.com
info@behawe.com

PRIMAVERA LIFE GmbH
Naturparadies 1
87466 Oy-Mittelberg
Telefon: 08366/8988-0
www.primaveralife.com
info@primaveralife.com

Filzwolle

Trolle & Wolle
Bärenkrog 6
24113 Kiel
Telefon: 0431/6475120
www.trolle-und-wolle.de
hallo@trolle-und-wolle.de

Bienenwachs

Der Zeidlerhof
Imkerei Müller
Ziegelsdorfer Straße 1
96269 Großheirath-Gossenberg
Telefon: 09569/1413
www.bioimkerei-zeidlerhof.de
demeter@bioimkerei-zeidlerhof.de

Werkzeug und Gartengeräte

Feine Werkzeuge
Dieter Schmid Werkzeuge GmbH
Wilhelm-von-Siemens-Straße 23
12277 Berlin
Telefon: 030/70174840
www.feinewerkzeuge.de
vk@feinewerkzeuge.de

NATURSCHUTZ

Die Geschenke aus der Natur sollen im Einklang mit der Natur entstehen. Nehmen Sie beim Sammeln und Pflücken Rücksicht auf die Natur bzw. die Pflanzenbestände. Ernten Sie Wildpflanzen wirklich nur für den Eigenverbrauch und sammeln Sie einen Standort nie komplett ab. In Naturschutzgebieten ist es gänzlich verboten, Pflanzen mitzunehmen, und man sollte das zum Schutz der Natur auch wirklich respektieren.

Naturschutzbund Deutschland (NABU) e.V.
www.NABU.de

Jugendorganisation des Naturschutzbundes Deutschland e.V.
www.naju.de

Bund für Umwelt und Naturschutz Deutschland
www.bund.net/

Landesbund für Vogelschutz in Bayern (LBV) e.V.
www.lbv.de

REGISTER
zum Nachschlagen

NATÜRLICH

Marie und Gustav Mandelmann
Gärtnern für Selbstversorger
272 Seiten, €/D 29,99

Dieses wundervolle Buch lädt zum Träumen und Selbermachen ein! Familie Mandelmann öffnet die Tore ihres Hofes Djupadal in Schweden und lässt den Leser in ihre wunderbare und ursprüngliche Welt eintauchen. Sie verraten nicht nur Tipps und Tricks zum Gemüseanbau und leckere Rezepte, sondern bieten auch Inspirationen zum Leben und Gärtnern mit den Jahreszeiten.

AKTEURE

Anne Rogge und **Jan Jankovic** sind Diplom-Fotodesigner aus Köln. Gemeinsam führen sie das Fotostudio Rogge & Jankovic Fotografen mit Schwerpunkt Food, Stills & Places. Für ihr Kochbuch „Herbst Winter Gemüse", ebenfalls im Kosmos Verlag erschienen, wurden sie 2008 mit dem Gourmand Cookbook Award ausgezeichnet.
Anne Rogge entwickelte für dieses Buch alle Ideen und Rezepte. Jan Jankovic hat schon 2006 mit seiner Diplomarbeit „Der Deutsche Wald" sein Interesse an der Natur in Deutschland fotografisch umgesetzt. Gemeinsam haben die beiden die Rezepte und Anleitungen außergewöhnlich in Szene gesetzt und in liebevolle Geschenke verwandelt. Die kreativen Verpackungsideen und das Styling stammen ebenfalls aus der Hand dieses vielseitigen Teams. Im Laufe des Vorgängerprojekts „Geschenke aus der Natur" (2013) haben sie ihre Sammelleidenschaft entdeckt und herausgefunden, wo in ihrer Umgebung überall (essbare) Pflanzen zu finden sind.
Bei der Fotoproduktion wurde das Fotografenteam von Sascha Kraus unterstützt.

Das Allerwichtigste ist, dass Sie die Pflanzen und insbesondere die Kräuter einwandfrei erkennen. Oftmals gibt es verwandte Arten, die sich sehr ähnlich sehen. Die eine ist jedoch gut, die andere giftig. Wenn Sie irgendwelche Zweifel haben, dann verwenden Sie die Pflanze nicht. In der Apotheke bekommen Sie beispielsweise die beschriebenen Kräuter in getrockneter Form.

IMPRESSUM

Mit 140 Farbfotos. Alle Farbfotos wurden von Rogge & Jankovic Fotografen, Köln, für dieses Buch aufgenommen, mit Ausnahme der folgenden Bilder: S. 22 re. von Alexander Walter und S. 108 von Frank Hecker.

Umschlaggestaltung von Gramisci Editorialdesign, München, unter Verwendung von zwei Aufnahmen von Rogge & Jankovic Fotografen, Köln

Unser gesamtes lieferbares Programm finden Sie unter **kosmos.de**
Über Neuigkeiten informieren Sie regelmäßig unsere Newsletter, einfach anmelden unter **kosmos.de/newsletter**

Gedruckt auf chlorfrei gebleichtem Papier

ISBN 978-3-440-14677-4

Projektleitung und Redaktion:
Stefanie Tommes, Daniela Bendel
Gestaltungskonzept:
Gramisci Editorialdesign, München
Gestaltung und Satz:
Walter Typografie & Grafik GmbH, Würzburg
Produktion: Markus Schärtlein
Printed in Germany/Imprimé en Allemagne

FSC www.fsc.org MIX Papier aus verantwortungsvollen Quellen FSC® C004592